Burak Tuncel fordert die Menschen heraus mit seinen Büchern. Er fordert sie heraus, da er ihnen altbekannte Dichter, Philosophen, den Koran zitiert und darbietet, die alle von der Einheit der Existenz und der Liebe sprechen. Nur die Menschen sehen und hören es nicht. Sie leben einfach weiter, strebend nach den weltlichen Dingen. Kritisch betrachtet er diesen Lebenswandel, mit Blutstränen in den Augen, sich wundernd. Manchmal hat es den Anschein, als könne er nicht verstehen, dass die Menschen so leben, strebend nach Macht und Geld allein, anstatt sich dem Herzen zu widmen und sich zu fragen, mit welcher Lebensaufgabe wir geboren wurden.

Jedes seiner Kapitel beginnt mit einem Zitat dieser großen Denker und Dichter, um dem Leser die Sprache der Dichtkunst wieder näher zu bringen, die heutzutage ausgestorben zu sein scheint. Die Sprache der großen Dichter und Poeten ist die Sprache des Herzens. Nur wer sie verstehen kann und in sein Inneres lässt, kann zum Tempel der Liebe gelangen. Nur dann kann der neue Mensch geboren werden, voller Vertrauen in die Mutter Natur und sich seines Herzens und der weichen, femininen Kräfte des Menschen bewusst. Dies ist der Herzenswunsch des Autors, dies ist es, was er dem Menschen von heute mit seinen Büchern zeigen und lehren will.

Kontakt zum Autor: Buraktuncel@hotmail.de

Burak Tuncel

Selbstgespräche

Gedichte an die Blumen

-Dichterisches Werk-

„Solange nicht alle das Geistige mit einbeziehen, wird es viel Unglück, Kriege, alle möglichen Formen von Drogenmissbrauch, Ansprüche, Verlangen, Hunger und unerfüllte Liebe geben. Es wird alle möglichen Formen von Gewalt zwischen Menschen, gegen Tiere, gegen die Erde und die ganze Schöpfung geben. Alle diese Schwierigkeiten reißen auf lange Sicht gesehen, tiefe Wunden.“

Eine alte Indianerin

„Die Menschen sagen, es regnet nicht, es ist eine trockene Zeit. Gott, wenn sie meine Tränen sammelten, dann wäre es keine trockene Zeit. Ich habe so viele Tränen vergossen, daß ich den Santa Ynez River zum Fließen hätte bringen können in dem Versuch, die Welt zurückzubringen, die mein Großvater kannte.“

Chumash

„Wo Schönheit den Augen und Herzen so nahe ist, entfallen viele Irrwege."

Indianisches Sprichwort

Ohne Poesie wäre das Leben eine Last, ohne die Lieder der Liebenden. Ja, es stimmt. Im Himmelreich werden nicht die Künstler sein. In Einklang mit dem Leben entsteht das Schöpferische. Wenn das Werk eines Künstlers zu reden beginnt verstummt alles andere auf der Welt. Wenn der Berg des Lebens überwunden wird, sieht man am Gipfel die Sterne der Wahrheit. Sie leuchten in einem majestätischen Glanz. Die Menschen leben auf Knien, weil ihnen die Künste der Liebe nicht gelehrt werden. Dem Weg der Liebe zu folgen ist niemals umsonst, auch wenn man nicht an das Ziel gelangt, ist diese Reise das heiligste im Leben eines sterblichen Wesens. Meine Zeilen sind nicht was ich in Wirklichkeit bin. Zerrissen und voller Widersprüche ist der Autor dieser Gedichte. Manche Menschen werden erst geboren wenn sie sterben. Es sind die Liebenden die sich ihrer eigenen Ewigkeit widmen. Für die sterbliche Masse ist das Leben nach dem Tod vorbei. Nur die wahren Schaffenden des Lebens dürfen weiter leben in anderen Welten.

„Der klare Himmel liebt es mich singen zu hören."

Anishinabe

Menschen, die Gehorsam sind dem Weltlichen haben Gott in ihrem Wesen noch nicht gefunden. In den Widersprüchen ist das Lebendige Zuhause. In der Hütte des Winters finden Blitz und Donner ihr Zuhause. Nein, es gibt kein Gut und Böse auf der Welt sondern entweder die Poesie oder die Hurerei. Ohne zu vergessen kann der Mensch nicht leben. Die Vergangenheit ist ihm eine Last der vergangenen Tage. Nein, ich beantworte keine Fragen, die es nicht Wert sind beantwortet zu werden. Die Stille ist meine Antwort auf ihre sinnlosen Fragen. Die Tiefe macht den meisten Menschen Angst, deswegen bleiben sie an der Oberfläche der Dinge. Die Masse hat Probleme die Poesie der Musik zu hören, deswegen finden sie die Tanzenden Liebenden verrückt. Es sind die engsten Freunde, die meinen Hass zu spüren bekommen haben, da sie die Berge der Freundschaft verschmutzt haben. Ja, dieses Leben ist in der Dichtung Zuhause. Die Natur singt ihre schönsten Gedichte zu jeder Sekunde. So sollen diejenigen Wohl leben die diese Melodie empfangen können. Die Nacht ist dunkel, doch Selbstmordgedanken machen die Nacht erträglich. Sie sind die Heilung dieser Last.

„Wenn man nicht weiß welchen Hafen man ansteuert, ist kein Wind der richtige."

Seneca

Was es brauche ist nur ein Stift, mehr brauchen die Liebenden nicht. Mit einem Stift wälzen sie die Werte der Welt um. Nichts kann sich ihrem Stift in den Weg stellen. Es ist die größte Kraft im Leben eines Schaffenden. Viele Menschen möchten nichts wissen, so verleugnen sie die Künste der Stifte. Es ist besser unwissend zu bleiben und ein angenehmes Leben zu führen, so lebt es sich leichter in deren Augen. Fliegen sollte der Mensch von der Poesie zur Liebe und zurück. Es bedarf nicht mehr. Warum widmen sich die Menschen aus Gewohnheit der Macht? Nach einem Gespräch mit einer Seele die nach Macht strebt muss ich mir die Hände waschen. Wir müssen bereit sein uns zu Opfern der Freiheit willen um als Mensch zu sterben. Wie will man sonst zur Poesie aufsteigen? Stille ist gefährlich, sie enthält die Essenz des Göttlichen. Deswegen ist die Welt so laut, fernab von den Mysterien des Lichts. Wir strecken unsere Hand nach dem Leben wie ein kleines Kind voller Vertrauen. Die Schönheit redet stets die Sprache der Feinfühligkeit, sie ist nur in erwachten Menschen zu hören. Nein, ich widme mich nicht der Hoffnung, denn sie ist nur ein Trost für die Armen. Sie geben uns Hoffnung damit wir nicht rebellieren, so verleugne ich die Hoffnung. Das Wissen was der Mensch braucht ist in seinem Inneren versteckt. Er muss es nicht draußen suchen.

„Wenn du den Feind kennst und dich selbst, brauchst du den Ausgang von hundert Schlachten nicht zu fürchten. Wenn du dich selbst kennst, jedoch nicht den Feind, wirst du für jeden Sieg, den du erringst, eine Niederlage erleiden. Wenn du weder den Feind noch dich selbst kennst, wirst du in jeder Schlacht unterliegen."

Sunzi, Kunst des Krieges

Liebende Menschen streben nicht nach Macht. Sie widmen sich dem existenziellen Wissen und verneigen sich keiner weltlichen Autorität. Unbewusstheit bringt den Tod. In ihrer Welt loben sie das Schnelle und die Ruhe wird als Tod gesehen. Ist der Mensch nicht ein seltsames Wesen? Er betet einen unsichtbaren Herrn an und tötet die Bäume und die Tiere, die eigentlich dieses unsichtbare Wesen darstellt. Oh, wie könnte ich je dies geheime Wort aussprechen? Der Stift schreibt mit meinem Blut, doch kann die wahre Schönheit nicht ausgesprochen werden. Zum Glück ist dies auch so, sonst würden die Reichen auch diese Schönheit verschmutzen. Die Wörter haben sich Menschen ausgedacht. Die Wahrheit muss man entdecken, sie kann man nicht aussprechen. Es fällt unheimlich schwer, zu sprechen wenn man die Wahrheit erkannt hat. Ja, ganz bald werde ich mich der Stille widmen. Wieso? Wenn die Liebenden in die Stille gehen läuten für die Menschheit die Alarmglocken ganz laut. Das Ende ist sehr Nahe bedeutet dies. Ich hoffe, dass ihr in meinem Schweigen endlich aufwacht von eurem schönen Winterschlaf.

„Fordere viel von dir selbst, und erwarte wenig von anderen. So bleibt dir mancher Ärger erspart."

Konfuzius

Tanzt oh Liebenden, ja tanzt vor Freude und Schönheit in Feinfühligen und zarten Takten. Die Klänge der Liebe füllen alle Tage mit ihrem Glanze. Nur der Tanz der Liebenden kann eine Genesung bringen. Tanzt vor den Palästen der Reichen und Mächtigen, und dringt in ihre Häuser hinein. Nehmt euch euer Recht zurück. Es sind eure Güter die sie geklaut haben, deswegen ihr Reichtum. Die Berge und das Meer werden euch dabei unterstützen. Sie sind eure Weggefährten gegen die Götzendiener. Der Schöpfer wird euch lieben dafür, so steht es in seinen Büchern der Schönheit.

„Eine Frau, gleichgestellt, wird überlegen."

Sokrates

Ja, ich schäme mich. Die Scham ist sehr erdrückend, sodass ich keine Luft bekomme. Welch eine Welt haben wir nur erschaffen? Alle Gewalttaten sind nur ein Produkt unserer Gier und unseres Hasses. Der Mensch ist die Krankheit dieser Welt. Er erwacht nicht jeden Morgen zur Liebe, sondern bleibt in der Nacht stehen. Es lebe die Armut! Wie schön, derjenige der sich mit wenig vergnügt. Aber schaut doch in die Welt hinaus. Die Erziehung wird darauf getrimmt immer mehr anzuhäufen. Ist es nicht das Grab, welches uns alles wegnehmen wird? Wie blind muss man sein um dies nicht zu sehen? In der Liebe zur Natur wird das Kind der Seligkeit geboren. Die Wissenschaft der Einheit kann nur das Leben voran bringen. Die Schlüssel zum Haus der Liebe sind in der Einheit des Ganzen versteckt. In den Glaubenssystemen halten sie unsere Geister in Gefängnissen. Die größte Rebellion ist hier auszubrechen und sich der Leere zu widmen. Solange Menschen sich arm fühlen und nicht zur Poesie aufsteigen, wird die Sklaverei in verschiedenen Formen fortgeführt werden. Alles im Universum hat eine Funktion, nur der Mensch ist entfremdet von seiner Erfüllung. Wir sind hier um die Liebe zum Leben zu erfühlen, doch steht die Liebe zur Nekrophilie im Mittelpunkt der Gesellschaften. Alles was in Bewusstheit getan wird verwandelt sich in einen Tempel der Liebe. All Leid der Welt entsteht durch einen Mangel an Liebe und Mitgefühl.

„Wer andere Menschen besiegt, hat Gewalt. Wer sich selbst besiegt, der ist stark."

Tao Te King

Wenn es in einer Partnerschaft Zweck und Erwartungen gibt, können dort keine Blumen der Liebe wachsen. Die Liebe ist sich selbst genug. Sie kennt nur das Geben. Deswegen möchten die wahren Liebenden niemals nehmen. Angst im Menschen entsteht immer dann, wenn der Verstand die Kontrolle über die Ereignisse des Lebens übernimmt. Wesen, die mit der Quelle des Lebens in Verbindung bleiben, kennen keine Angst. Sie haben nur Angst um des Geliebten Willen, dass sie das Herz des Geliebten brechen. Dies ist ihre einzige Sorge. Die Masse der Menschen folgen den Gesetzen des Egos. Sie möchten nicht in Verbindung mit dem Leben treten. Deswegen all das Chaos auf der Welt. Ich glaube nicht an Gesellschaften. Sie sind noch nicht geboren. Die Welt ist voller Individuen. Wenn sich das Individuum zum besseren wandelt und eine schöne Welt in jedem Einzelnen errichtet wird, nur dann kann die Gesellschaft geboren werden. Wenn am Bewusstsein der Menschen nicht gearbeitet wird und keine Transformation im Menschen stattfindet, werden wir zugrunde gehen in naher Zeit. Wenn die Menschen die Gesetze des Lebens verleugnen und ihren eigenen Regeln folgen, die ihr kalter Verstand erschaffen hat, wird keine Wärme entstehen. Das Leben fängt im Inneren Kosmos an zu blühen. Das Äußere ist nur Fassade.

„Tötet mich, o meine Freunde, denn im Tod nur ist mein Leben.“

Hallac Mansour

Wenn der Mensch in Verbindung mit der Quelle des Lebens bleibt, welches man auch Kommunion mit dem Leben nennt, dann wird alles in Schönheit geschehen. Die Menschen sehen Bücher als heilig an, doch wissen sie nicht, dass das Leben selbst heilig ist. Ich bin ein Zeitgenosse Gothes. Er fand zu den Blumen des Korans. Die Muslime haben diese Blumen bis heute nicht gefunden. Ich verliebte mich in eine viel ältere Frau vor vielen Jahrtausenden und fand den Weg zu Goethes Welten. Ich verlor meinen Kopf bei dieser schönen Frau. Verrückt ist der Kopf seitdem. Nun laufe ich umher wie ein Narr in verlorenen Welten. Ihre Liebe führte mich zur Liebe zur ganzen Welt. Der Affe in der Ferne heult im Schneeregen und dies führt zum Winter in meinen Zeilen. Ich weine um die Kinder die an Pocken und Armut sterben. Sie reißen das Herz in tausend Stücke. Ich weine meiner traurigen Bettelschale nach, sie verlor ich bei meiner Geliebten. Heute ist sie einsam. Mein Stift friert im Winter und ich versuche ihn zu wärmen, damit er nicht frieren muss. Wann findet mein Herz Verständnis? Werde ich noch in diesem Leben verstanden werden, oder wird auf meinem Grabe „Missverstanden" stehen? Verzweifelt laufe ich herum wie damals der arme Goethe auf den Straßen, immer auf Suche nach einem Gefährten der Seele. Werde ich zum Gipfel der Liebeslyrik alleine finden oder wird mir jemand den Weg zeigen?

„Sagt es niemand, nur den Weisen."

Goethes, heilige Sehnsucht

Alle Dinge sind im Herzen zuhause, heißt es. Wer sich in das Ganze verliebt, findet zur Quelle allen Seins. Wahre Liebe bricht den Liebenden das Herz. Es ist ein Aufbrechen zu neuen Ozeanen. Ich hoffe, dass meine Tränen zur Besserung der Welt beitragen können. Sie sollen sich zu glänzenden Perlen verwandeln. Ich würde meine Liebe allen dieser Welt schenken, voller Überdruss wohnt sie in mir. Doch leider fragt keiner danach. Was mein letzter Wunsch ist? Es soll die Geliebte kommen und mich an meinem Sterbebett besuchen, und mir einen Kuss auf die Stirn geben. Die Sonne geht unter in meinem Lande, komm du selige Schönheit noch bevor es dunkel wird. Warum suchen nur wenige Menschen nach dem bezaubernden Weg und wollen zum großen Mittag finden, während die meisten dem einfachen Weg folgen? Die Welt folgt noch immer der Barbarei, Gewalt, Wettbewerb und Gier. Die Kinder lernen diese Eigenschaften und diese Gewalt wird der Menschheit zum Verhängnis. Wie können wir Frieden finden in dieser hektischen Welt? Nur wenige Menschen möchten Antworten auf diese Fragen finden. Sie sind das Salz der Erde. Ich ging durch das Leid der Menschheit und hinterlasse mein Herz. Das Echo meines Herzschlages ist in den Dichtungen Zuhause. Ich leide an Hochsensibilität gegen die Strömungen des Lebens. Eine Kerze in der Sonne muss mein Geist sein.

„Bald weh ich, wie der Wind es tut, bald staub ich, wie ein Weg voll Glut, bald fließ ich, wie des Wildbachs Flut, sieh, was die Lieb´ aus mir gemacht."

Yunus Emre

Niemand hat Augen um die Wahrheit zu sehen. Die ganze Nacht sitze ich in meiner armen Stube und weine vor meiner Lampe. Ich versuche es mir selbst zu erklären, doch finden Worte keine Bedeutung. Ich kann es nicht erklären, es schmerzt in meinem Herzen. Ich senke den Kopf und widme mich meinem Schicksal. Überall herrscht Verwirrung. Die Menschen sehen die wahre Schönheit nicht mehr. Alle Wege führen stets zum Anfang wieder zurück. In die Dörfer und Bergwälder der Kindheit. Dem Klang des Regens zu lauschen ist das größte Gebet. Die ganze Nacht fällt der traurige Regen auf mein armes Gewand. Tee ist Nahrung in meiner Stube. Alles was lebt findet zum Tee der Heimat zurück. Ich teile meinen Schmerz der Welt mit den Vögeln. Sie überbringen mein Leid der Geliebten. Ich brauche nur das Notwendigste, dies bedeutet wahren Reichtum. Mehr zu besitzen würde Diebstahl bedeuten. Das Spielen mit den Kindern und Tieren ist mein größtes Vergnügen. In ihren Augen sehe ich den liebenden Schöpfer. Niemals kann ein schönes Wesen den Reichen und Mächtigen schmeicheln. Es wäre gegen den Pfad der Liebe. Die Reichen sind der Schmutz der Welt.

„Trunkenheit und verborgene Lust, was sind sie denn? Ein flüchtiger Zeitvertreib."

Hafis

Meine Gedichte kommen nicht aus dem Lande des Intellekts. Ich habe große Abneigung gegen die Professoren an den Universitäten und Pseudo Intellektuellen, die in warmen Räumen sitzen und die Welt interpretieren. Metrische Regeln kann ich nicht ausstehen. In der Natur findet man auch keine Ordnung. Meine Gedichte haben viele technische Fehler, doch ich schreibe nur was mir in den Sinn kommt. Ich verstehe nichts von technischen Anregungen. Gier führt zur Dummheit, so geschieht es auch mit den Intellektuellen. Sie häufen Wissen an und werden immer dümmer, da der Weg zur Liebe versperrt ist. Nachts wenn ich in meiner Stube sitze, sehe ich auf zum Mond und stelle Fragen. Warum gibt es so wenig fühlende Menschen nur unter uns? Wo sind sie denn hin? Ich kehre zurück in mein Heimatdorf, nach vielen Jahren der Abwesenheit und lausche dem Regen. Ich wohne im Dorf des Windes. Der Wind hat keine Heimat, er ist in ständiger Pilgerschaft, so ist es auch mit mir. Stets habe ich den Rucksack an meinem Rücken. Meine Nahrung sind Bücher, welche ich wie ein Verrückter verschlinge. Meine engsten Freunde sind die Berge und Flüsse. Schon vor langer Zeit habe ich mein Gewand ausgezogen. Es ist besser nackt zu sein, als das falsche Kostüm zu tragen. Das Sanfte seufzt nach der Geliebten. Ich ergebe mich dem Willen des Windes.

„Er liebt sie und sie liebt ihn."

Koran Sure 5,59

Was wird nur aus meinem Leben? Ich wandere umher und füge mich der Existenz. Manchmal lachen, manchmal Tränen. Heute Nacht ist mir Schlaf nicht möglich. Gedanken drehen im Karussell. Die ganze Nacht betrachte ich den Mond. Traurig schaue ich auf die Berge. Das Lied der Nachtigall ist mir am Liebsten, heute Nacht. Ein einziger Wunsch, mit ihr heute Nacht zu schlafen. Es ist in dieser Welt, wo ich nach dem Verwandten der Seele suche. Wir könnten plaudern die ganzen Nächte in meiner armen Stube. Die Kurtisanen sind meine besten Freunde, sie sind das Was sie Sind. Ich klopfe an die Türe der Menschen und möchte ihnen mein tieferes Geheimnis offenbaren, doch niemand fragt danach. Es ist doch Ansehen und Macht welches Vergänglich ist. Wieso rennen die Menschen dann diesen Dingen wie blind hinterher? Alles ist im Grund leer, wir werden doch auf die gleiche Weise enden. Meine Blätter fallen mit dem letzten Herbst. In der Tiefe leide ich und es schmerzt, Menschen wie Automaten leben zu sehen. Die ganze Nacht mache ich mir Sorgen und die Menschen und kann die Ozeane meiner Tränen nicht stillen. Könige und gewöhnliche Leute enden auf dieselbe Weise, warum dann diese Wettbewerbsreligion? Wie schmerzt es doch Menschen zu sehen, die völlig verstrickt sind im Oberflächlichen.

„Ich bin bekannt in der ganzen Stadt als einer, der sein Herz verlor."

Hafis

Dein Gang ist voller Schönheit, warst du es, den ich sah heute Morgen im Nebeltraum? Ist diese Freude wahrer Realität oder nur ein schöner Traum? Hier, mit dir Liebste könnte ich zehn Ewigkeiten verweilen. Hast du mich vergessen? Ich warte auf dich alle Tage, in Sehnsucht deine schöne Erscheinung nochmals zu sehen. Wir Liebenden, so sagt man, überwinden den Bereich von Leben und Tod, und doch kann ich unsere Trennung sehr schwer ertragen.

„Erzähle, Seele, der Geliebten, was uns widerfahren, aber berichte es leise, damit es der Zephir nicht erfährt."

Hafis

Ich schreibe mit meinem Leben, ich opfere meine Gesundheit dafür. Ob ich verstanden werde? Ich denke nicht. Höhen machen einen Menschen einsam. Es ist die Tragödie des Lebens welches mich schreiben lässt. Ja, ich verfaule am Ende des Tages, um bei Tagesanbruch wieder ein neues Wesen zu sein. In der Verachtung meines Selbst finde ich Medizin, da die restliche Welt sich selbst lieben möchte. Nur diejenigen, die sich selbst verachten, können den Pfad der Liebe gehen. Ja, ich habe ein Herz, doch es öffnet sich nicht für jedermann. Die Kunst lässt den Menschen in den Himmel der Götter katapultieren, so fliege ich in den Gedichten der Verachtung für die Masse zu den Göttern. Ja, sie lachen über mich, so lasset sie doch lachen. Meine Melodie kann nicht zu ihren tauben Ohren gelangen. Sie haben keine Ästhetik für das Schöne im Herzen des Menschen. Das Weibliche ist das Schöpferische, so sauge ich an ihren Brüsten und wandle in das Tal ihrer Fruchtbarkeit. Die Wahrheit ist hässlich, so sehen mich auch die Menschen. Wem würde das Licht der Sterne nutzen, wenn wir Liebenden nicht wären? Wenn der Mensch nur sich selbst liebt, dann wird er zu einem Barbaren, da er sich isoliert von der restlichen Welt. Die Menschen mögen zu vielen Zeiten die Wahrheit der Liebe nicht hören, sonst müssten sie sich mit ihrem inneren Chaos befassen. So ist es schöner mit einer Lüge weiter zu leben.

Die Welt hat das Herz des Menschen verleugnet, seine Schönheit zerstört, so bin ich heute hier um das Recht des Herzens wieder zurück zu gewinnen.

„Sie kommen mit ihren Gesetzen und Geboten, um mich fest zu binden, doch ich gehe ihnen stets aus dem Weg, denn ich warte nur auf die Liebe, mich endlich in seine Hände zu geben."

Rabindranath Tagore, Gitanjali

Heute, schreibe ich aus dem Irrenhaus. Sie haben mich als Neurotisch diagnostiziert. Haben sie es nicht immer so getan? Nur weil ich die Hirten der Wirtschaft verleugnete mit all seinen Gotteshäusern, so bin ich nun heute gelandet in Isolation. Alle wollen das gleiche. Macht, Geld, Status und Ruhm. Ich habe mich nur der Liebe gewidmet, deswegen nun mein Aufenthalt hier. Sie können meinen Körper hier einsperren, so aber nicht mein Herz und meine Botschaft. Meine Lieder werden nach tausenden von Jahren noch gesungen werden. Hier im Irrenhaus sind viele vernünftige Leute an zu treffen. Sie haben ihren Vogel der Seele verloren. Mit ihnen sich zu unterhalten ist angenehm, doch muss ich hier raus. Lieber am Kreuz Sterben als hier zu leben. Ich umarme den Schatten der Nacht und werde heute Nacht von hier fliehen.

„Aber wenn sie in jedem Augenblick Erfüllung finden können,
haben sie keine Angst vor dem Tod.“

Jiddu Krishnamurti

Mein Vater ist Liebe, meine Mutter ist Liebe, die Existenz ist Liebe, die Propheten sind Liebe. Ich bin ein Kind ihrer Welten. Bin gekommen um dies zu verkünden. In der Liebe gibt es keine Mathematik oder Zahlen. Es ist ein Pfad der Unsterblichkeit, der nur mit den weiblichen Energien gegangen werden kann. Wer zur Liebe findet, der hat das Gewand des Egos abgelegt. Es gibt keine Spaltung mehr. Die feinfühligen Liebenden werden zu schönen Dimensionen aufsteigen, während die harten Wesen dem Erdboden gleichgemacht werden. So ist es der Welt Lauf. Das Feuer ihrer Welt wird zu einem Blumengarten werden in der Hand der Liebe. Die Welt wird nicht eher friedlich sein, bis wir all die verrotteten Ideen, die dem Menschen eingeimpft worden sind, endgültig aus dem Verkehr ziehen. Die Menschen werden zu Sklaven erzogen, nicht zu Propheten. Darin das Leid der Welt. Ich werde niemals Nobelpreise bekommen wegen meiner Dichtkunst. Nein, ich gehöre zu denjenigen die ans Kreuz genagelt werden. So ist das Schicksal der Liebenden. Die Masse ist gespalten in seinem Inneren, deswegen das Chaos auf der Welt. Die Ursache liegt nicht im Außen. Das Äußere ist nur eine Reflexion der Innenwelt des Menschen. Die Menschen sind eher glücklich zu Kriegszeiten, da in ihrem Inneren Krieg und keine Liebe herrscht.

„Wenn Liebe da ist, gibt es keinen Tod."

Jiddu Krishnamurti

Ich vergebe den Menschen, doch wie werden sie sich selbst vergeben können für die Sühne an den Liebenden Wesen? Ihr wollt nur Lust spüren, doch verleugnet die Last und das Leiden. Doch alles ist eins. Die Menschen möchten andere ändern, doch niemand denkt daran sich selbst zu ändern. Wenn diese Welt doch nur von Kindern regiert werden könnte. Kinder sind der Quelle des Lebens am Nächsten. Der Verstand bedeutet Neurose. Im Herzen ist die Heilung. Nur die Liebenden können aus Gottes Augen die Welt sehen. Die Religiösen Menschen nicht. Die Welt wird regiert von Menschen, die der Quelle des Lebens am meisten Fremd sind. Sie regieren in Unwissenheit und Blindheit. Wenn der Mensch, noch Mensch bleiben möchte, muss er diese Menschen, die der Quelle des Lebens fremd sind beseitigen und ihnen die Macht nehmen. Es gibt heute zwei Arten von Menschen. Die Herren und die Sklaven. Jeder möchte vor sich selbst fliehen und so entsteht die Sklaverei. Die Herren möchten schwache Geister haben in ihrer regierten Welt. Im Kampf gegen die Herren werden liebende Menschen alleine bleiben. Sie werden hungern und leiden müssen. Doch sich selbst zu genügen wird der größte Preis sein für die Liebenden der Freiheit. Die Masse kann nicht in tiefe Gewässer blicken, ihre Augen sind zu vernebelt dafür. Sie haben die Unwahrheit zur Religion erklärt, da gibt es keine sehenden Augen.

„Es ist der unschöpferische Mensch, der innerlich verarmt ist, er ist derjenige, der immer nach irgendetwas strebt, der hofft, etwas zu gewinnen, etwas zu werden, und da die meisten von uns innerlich ziemlich arm sind, in innerer Armut leben, konkurrieren wir, um äußerlich reich zu werden. Die äußerliche Show von Luxus, Status, Autorität, Macht blendet uns, weil es das ist, was wir wollen.“

Jiddu Krishnamurti

Die Liebenden suchen Weggefährten und keine intellektuellen und religiösen Menschen. Nur die Schöpferischen Menschen finden zueinander. Alle anderen verlieren sich selbst. Der größte Einspruch gegen das Leben ist den Gott der Religiösen und intellektuellen Menschen zu verachten. Dies könnte der Sinn des Lebens sein.

„Ein Mensch, der wirklich weitergehen und herausfinden will, was echte Zusammenarbeit ist, muss sein ichbezogenes Handeln also unweigerlich aufgeben.

Jiddu Krishnamurti

In Gefahr zu leben bringt einen Menschen zu höheren Ebenen. Meine Tragödie ist tief und gefährlich. Es ist das Kreuz der Gesellschaft und Masse welches auf mich wartet. Spiele die Hauptrolle und bin ganz alleine in dieser Tragödie. In der Einsamkeit machte ich mich auf den Weg zum Liebenden. Die Masse vergab mir nicht dafür. Nun führe ich Selbstgespräche nach meinem Aufenthalt in der Irrenanstalt. Sie hören mir nicht mehr zu. Der Stempel der Verrücktheit wurde mir gegeben. Welch ein Drama. Die Gespräche sind mit meinem Erkrankten Ich. Fern bin ich von Gott und deren Anhängern. Es fahren so viele Züge, die Schulen und Universitäten sind voller Schüler, Fabriken voller Arbeiter, Theaterhäuser voller Schauspieler, doch niemand hört mein Drama. Sie wollen es nicht hören. Es würde ihre Welt zerstören. Ich lebe unter ihnen, und doch über ihnen. Es ist die Höhe welches meine Melodie nicht zu deren Ohren vordrängen lässt. Meine Todesursache wir die Todeslosigkeit sein, die Unsterblichkeit zu gewinnen. Das Ziel im Leben sollte sein, die Ewigkeit zu gewinnen in unseren Werken. Nicht im Nehmen sondern in der Gefahr ist die Ewigkeit zuhause. Tadel frohen Herzens zu ertragen ist ein erhabener Weg.

„Glauben sie, es würde diese schmutzigen, verwahrlosten
Großstädte geben, wenn wir einander liebten?"

Jiddu Krishnamurti

Die Sensibilität wird in der gegenwärtigen Welt nicht geschätzt und geehrt. Deswegen ist ihr Untergang, Gottes Wille. Wir Liebenden tragen den ganzen Schmerz der Welt auf unseren Schultern. In der Geschichte wurde das Weibliche größtenteils brutal unterdrückt. Hochsensible Menschen wurden auf dem Scheiterhaufen verbrannt. Es ist die Hölle auf Erden, mit unsensiblen Menschen zusammen zu leben. Meine Herkunft ist Asien. Ganz Asien ist eins. Wenn Asien eine Einheit ist, dann ist es ebenso wahr, dass die asiatischen Völker ein einziges mächtiges Netz bilden. Arabische Ritterlichkeit, persische Dichtkunst, chinesische Ethik und indische Denkart. Sie alle verweisen auf einen einzigen alten asiatischen Frieden, aus dem eine gemeinsame Lebensweise erwuchs. Den Islam im Ursprung selbst kann man bezeichnen als Konfuzianismus zu Pferd, das Schwert in der Hand. Die Schönheit einer Wolke oder einer Blume liegt darin, wie unbewusst sie sich selbst entfaltet, und die stumme Beredsamkeit der Meisterwerke einer jeden Epoche damit wir ihre Geschichte besser erzählen als irgendeine kurze Darlegung unvermeidlicher Halbwahrheiten. Meine bescheidenen Versuche sind lediglich Hinweise, keine Erzählung. Die Liebe zur Poesie und die Ehrfurcht vor dem Weiblichen ist das einzig Heilige, welches ich kenne. Alles andere ist Verflucht.

„Eine Liebe, die benutzt, die ausbeutet und es dann bedauert, kann keine echte Liebe sein, denn Liebe ist keine Sache des Verstandes."

Jiddu Krishnamurti

Die Religion die sich von der Quelle des Lebens ernährt ist stetig im Kampf gegen die Religiösen, heuchlerischen Menschen. Religion war stets im Kampf gegen Religion. Es ging niemals um Atheismus. Alle Propheten und großen Philosophen wurden von der Religiösen Kaste umgebracht, verfolgt und verurteilt. Ist dies ein Zufall? Nein. Dies ist die Geschichte des Lebens. In der Religion des Lebens ist die ganze Existenz ein Gebetshaus. Die Gotteshäuser jedoch sind Teil des falschen Gottes. Das wahre Gebet ist wie Wasser, es wechselt ständig die Form und fließt mit den Gesetzen des Lebens. Im Herzen der Liebenden findet man den schönsten Schöpfer. Wer schöne Werke im Leben vollbringt, der ist ein Betender Mensch. In Gotteshäusern zu beten ist pure Heuchelei. In der feinfühligen, zarten Vernunft ist das Schöne Zuhause. Wo es Kasten und Spaltungen gibt, dort gibt es keine Schönheit und Gerechtigkeit. Dies ist keine Reformation in der Religion sondern zurück finden zum Ursprung, bevor die Religionen und Gott von den Menschen verfälscht wurden.

„O wunderschöne Nacht! Ich hab so Angst, weil alles Nacht ist, alles sei nur Traum, zu schmeichelnd süß, um Wirklichkeit zu sein."

William Shakespeare, Romeo und Julia

Der Mensch befindet sich stetig auf dem Kriegsplatz. Er liebt es in Krieg und Unruhe zu leben. Da sein Leben sinnlos erscheint, gefällt es ihm wenn es Spaltungen und Konflikte gibt. Dort fühlt er sich wohl. Das Wasser ist weich und feinfühlig. Jeder benutzt es um zu leben, doch niemand möchte wie Wasser werden. Das Wasser wird jeden Tag verleugnet in dieser Welt, da die Welt dem Weg des Harten folgt, der Steine. Nur in der Einsamkeit wurden die großen Werke der Vorzeit geschrieben. Doch niemand widmet sich dem Alleinsein. Die Menschen sind belagert von Reizen, die den Geist verkümmern lassen. Der Verstand muss sich umnachten damit er neu geboren werden kann. Der alte Weg zu leben hat versagt. Das letzte Mysterium öffnet sich nur den schönen Seelen. Es scheint als könnte die Art wie die Menschen heute im Westen leben nicht dazu beitragen das höchste Mysterium zu erreichen. Der Verfasser dieser Zeilen endete in der Psychiatrie als er davon erfuhr und auslebte. Die Gesellschaft kreuzigt den liebenden Geist, dies darf man niemals vergessen. Jemand, der die existenzielle Erfahrung in sich gemacht hat, wird niemals den Strukturen und Mustern der Gesellschaft folgen können, da sie von Grund auf erkrankt sind.

*„Herrgott, ich bin so melancholisch wie ein kastrierter Kater oder
ein geköderter Waldbär."*

William Shakespeare, Heinrich

Das Buch der Schönheit kam auf diese Welt um die Bücher Tora,
Psalmen und das Evangelium zu vollenden und ihre Irrtümer bzw.
Fehlinterpretationen zu korrigieren. Sie gehören alle zu einer
Familie. Die Existenz ist allen Näher als seine Halsschlagader. Es
benötigt keine Gotteshäuser. In ihren Gotteshäusern sind die
verfälschten Götter und Religionen zu Hause. Die Menschen sind
gefangen in ihrem Ego. Sie gehen gegen die Existenz an. Der Mensch,
das bedürftige Wesen kann den Kampf gegen das Ganze nicht
gewinnen. Deswegen all das Leid auf der Welt. Da die Menschen nicht
eins werden mit dem großen Geheimnis des Lebens wie es die
Indianer nennen. Die Menschen bauen Zäune und Grenzen um sich
vor dem Feind zu schützen. Aber sie bemerken dabei nicht, dass sie
sich ihr eigenes Gefängnis errichten. Denn der wahre Feind bewohnt
ihr eigenes Zuhause.

„Während das Gedränge des Berufsverkehrs immer weiter die Straßen der Städte verstopfte und die Luft verschmutzte, folgen die vier Winde noch dem Weg des Großen Geistes."

The Way

Die Gesellschaft, die wir bewohnen ist voller Rivalität und Wettbewerb. Dies bedeutet den Tod des Schönen und Feinfühligen. Die Sozialpsychologen und Ökonomen behaupten eine Gesellschaft könnte nur auf diese Weise gut funktionieren. Wie sie doch nur lügen. Sie verkauften ihre Seele an den Götzen „Wirtschaft" und deren Herren. Wenn man in einer großen Harmonie lebt mit dem Leben, so braucht es keinen Wettbewerb und Streit. Konkurrenz und Wettkampfgedanke richtet das Menschliche zu Tode. Die Menschheit kann sich diesen Weg des Lebens nicht mehr länger leisten. Der Abgrund ist viel zu nahe dafür. Der Überfluss von Besitz hat die Herzen aussterben lassen. Wie können die Menschen in Liebe leben wenn sie sich jeden Tag gegenüber stehen. Die Natur wird ausgebeutet und der Wettbewerb ist der Gott der heutigen Zeit. Nichts scheint Spaß zu machen ohne den Anreiz, beim Lernen, im Beruf, im Sport anderen den Rang abzulaufen, es besser zu machen als sie, den Preis davonzutragen, und man hält solchen Wetteifer noch für gesund. Träume und Poesie sind verboten in einer Gesellschaft voller Wettbewerb. Kann es denn noch schlimmer werden als es bereits ist?

„Das höchste Wesen ist unbenannt, weil es unerkennbar ist."

Gorman

Der schönste Engel bewohnt das Herz und die heiligste Schrift ist die Mutter Natur. Jeder kann es lesen, falls er Achtsam lebt. In den Bäumen und Flüssen, den Katzen, Eseln und Hunden. In allem was die Quelle der Schönheit erschaffen hat. All diese Wesen sind unsere Lehrer. Nicht die konditionierten Menschen. Nein, es gibt keine moderne Welt. Sie wurde noch nie erschaffen. Es gibt die Welt des großen Geistes und der Mutter Erde. Alles was von ihr abweicht bringt Leid. Der weiße Mann hat eine brutale Welt erschaffen. Die Engel weinen wegen ihm. Wenn die Menschen doch nur meine Botschaft hören könnten? Sie können es nicht, dafür sind sie zu sehr in Eile ihr Bankkonto zu füllen. Wenn sie mich doch nur hören könnten? Sie würden dann aufhören Blut zu vergießen und Tiere zu töten, um sie zu essen. Ich spüre das Leid der Tiere jeden Tag und es brennt in meinem Herzen.

„Mehr, ich bitte um mehr. Ich kann Melancholie aus einem Lied saugen wie ein Wiesel aus Eiern die Dotter. Mehr, ich bitte um mehr."

William Shakespeare, Wie es euch gefällt

Sie fragen mich warum ich Gedichte schreibe? In ihrer Welt kommen Gedichte nicht vor. Hängende Gesichter sehe ich draußen auf den Straßen. Keine Unschuld in den Gesichtern zu sehen. Ich schreibe Gedichte an das Leben damit es mich erhört. Gedichte und weibliche Poesie sind die Rettung. Sie sind unsere Hoffnung. Gedichte sind eine Faust in das Gesicht der herzlosen Menschen. Nur Dichtung kann die Menschen in das Land der Liebe führen. Dort herrscht Glückseligkeit. Ja, wir Liebenden werden gekreuzigt von der Gesellschaft, in der wir leben. Wir möchten keinen Schutz. Unsere Leben ähneln dem Leben der Propheten. Wir Liebenden sind alleine im Kampf gegen die Masse. Wir schreiben während alle schlafen. All die Kunst die man in der Gesellschaft und in den Theatern sieht hat nichts mit wahrer Kunst zu tun. Sie müssen dafür nicht am Galgen sterben oder gekreuzigt werden. Die Liebenden sind nun stumm, denn sie wissen dass der schönste Schöpfer diese Gesellschaft verlassen hat und dort wird bald der Untergang sein.

„Des Kosmos tiefste Liebe fließt ein in unserer einen Liebem die aller Liebe Samen trägt, und aller Zeiten, aller Dichter Leid."

Rabindranath Tagore

Meine große Liebe, du bist heilig wie das Brot. Du bist das Fest in meinem Hause, der Frühling in meinem Garten. Ich lebe in dir und du herrschst in mir. Doch, lass nur mich deine Schönheit der Welt lobpreisen und erzählen. Ich erzähle deine Schönheit den Vögeln und Blumen, den trostlosen Winden. Nun erzählt die Natur unsere Liebesgeschichte. Falls du die Vögel eines Tages nicht mehr singen hörst, meine Geliebte, so wisse, dass ich gestorben bin und nicht mehr auf dieser Welt bin. Doch sei nicht traurig, hörst du? Im Grabe werde ich den Ameisen von deiner unbeschreiblichen Schönheit erzählen. Doch falls du mich dann doch bei einem Regenbogen am Himmel siehst, so wisse, dass ich an der Pforte zum Himmel stehe und dich überall wie ein Verrückter suche.

„Die westliche Welt wohnt weit entfernt von den Filmen der Liebenden, von den poetischen Romanen."

Burak Tuncel

Wir erziehen unsere Kinder zur Dummheit, die stets über Generationen weitergegeben wird. Alle Kinder, Tiere und Pflanzen sind intelligent, nur die Intellektuellen leben in ihrer Narrheit weiter. Wir brauchen eine neue Art der Erziehung auf der Welt. Den Weg des Femininen, es ist der Weg des Wassers. Formlos, Zart und Rein. Rebellen können nur zur Zartheit voran schreiten. Jeder Mensch ist einzigartig, ein Liebender. Doch die Gesellschaft und deren Massen können keine Liebenden dulden. Sie haben uns unsere Unschuld genommen, unsere Kindheit. Dies zurück zu erlangen ist der größte Liebesbeweis an den Herrn. Nur die Intelligenz des Femininen ist wirkliche Intelligenz. Das Männliche ein Terrorist. Das Feminine ist Poesie und Dichtung zugleich. In der Welt draußen findet dies leider nicht statt. Der Meister aller Welten ist das Feminine. Die meisten Menschen fühlen nichts, sind unsensibel und somit vergiftet. Mit leeren Augen betrachten sie das Leben. Es ist kein Feuer und Brennen in ihren Augen zu sehen. Kein Lied steigt aus ihrem Inneren hinauf. Die höchste Symphonie erreicht ihre Länder nicht. Logik hat noch nie die Menschheit zu höheren Dimensionen gebracht, es waren die Liebenden und ihre Liebe.

„Die sogenannten Studierten, die Gelehrten, die Vielwisser, sie leben ununterbrochen in ihrer eigenen Fantasiewelt. Sie kümmern sich überhaupt nicht um die Wirklichkeit, sie sind von der Wirklichkeit abgeschnitten. Und nur das Wirkliche macht das Leben zur Freude."

Osho Shree Rajneesh

Und wenn die Gewässer des Geistes ruhen, dann ist der Mond der sich in diesen Wassern spiegelt das Schönste. Nein Wissen an den Universitäten ist nicht in der Lage Unwissenheit zu vertreiben. Aber Millionen von Menschen haben sich seit Jahrtausenden auf diese Weise täuschen lassen. Keine Universität möchte, dass du Weise wirst, dies verstößt gegen ihre Interessen. Wenn die Leute weise werden, können sie nicht ausgebeutet und benutzt werden im Namen eines Glaubenssystems. Sie werden das Roboterdasein negieren. Gegen das Mechanische rebellieren. Weise Menschen sind gefährlich für die Besitzenden und die Herrschenden. Und weil sie die Universitäten in der Hand haben programmieren sie diese gegen die Liebe. Der Tod ist dem Weisen Menschen lieber als die Sklaverei. Gewöhnlich sind die Menschen in einem Schlaf, auch wenn es so aussehen mag, als wären sie wach. Aus den Augen eines Liebenden sind sie in einem sehr tiefen, konformistischen Schlaf. Die Leute, die Gebildet scheinen, sie sind die Unwissenden von Allen. Ich habe intelligente Bauern gesehen, aber keine intelligenten Professoren. Der Mensch ist so ein seltsames Wesen, er möchte zum Mond um ihn zu erforschen, er durchforscht alles Mögliche was er in die Hand bekommt, doch sein eigenes Inneres erforscht er nicht.

Nein diese Welt ist nicht die richtige Welt, sie ist nicht menschenwürdig, wie sie geschaffen wurde von den Menschen.

„Wenn das Licht im Hause scheint, meiden die Diebe es. Und wenn der Hüter wacht, werden die Diebe nicht einmal den Versuch machen. Und wenn drinnen Leute herumgehen und reden und das Haus noch nicht schlafen gegangen ist, ist es ausgeschlossen, dass Diebe eindringen oder auch nur daran denken."

Gautam Siddharta

Milliarden von Menschen lassen sich nicht ein auf die Liebe. Sie bleiben stecken. Im Sumpf der Steine. Liebende sind jungfräulich und unberührt. Es ist die ganze Menschheit die unter neurotischen Störungen leidet. Wir alle zusammen begehen einen langen Selbstmord. Die Sprache der Liebe ist den Mündern fern, deswegen der globale, langsame Selbstmord. Die Natur sollte geliebt werden und nicht erobert. Wir sind ein Teil von ihr, wie können wir da erobern? Doch so sind auch die menschlichen Beziehungen untereinander. Es wird erobert und nicht Geliebt. Weil die Masse die Liebe umgeht kann sie sich nicht weiterentwickeln und bleibt zurück. Deswegen ihr Hass auf die Liebenden. Sie können den Liebeskummer nicht in Kauf nehmen, da sie zu schwach sind. Doch nur nach einer tiefen Nacht kann es auch Morgen werden. Es ist der Gott der Theologen der ohne Liebe ist. Der Gott des Buddha und Mohammeds, dies ist der wahre Liebende. Nein, wir müssen nicht durch die Hölle, weil wir bereits dort sind. Hölle, dies ist unser gewöhnlicher Zustand. So viele Menschen funktionieren ohne Intelligenz. Dies ist die Hölle. Aber so hat der Mensch gelebt, seit Menschengedenken. Tod über euch heißt es überall.

Wenn ich rede ist das Wort nutzlos, wenn ich schweige, so ist das Herz rastlos und traurig. So gebet uns unsere Kindheit wieder, unsere feinfühlige Intelligenz, unsere Unschuld, unser Staunen, Oh ihr gegen das Leben seiende. Ich sehe den Tanz des Lebens rings um mich herum. In den Liedern der Vögel, in den Farben der Regenbögen, im Duft der Blumen erfahre ich wie sie uns aus dem schönsten Paradies in dieser Welt vertrieben haben. Die Kindheit war das Paradies. Die Erwachsenen wohnen in der Hölle. Alle Lehranstalten haben das Kind in uns umgebracht. Den schönsten Himmel. Wer zurückgeblieben ist, erkennt diese Erkenntnisse nicht. Nur die Feinfühligen sind sich dieser glaubhaften Erinnerung gewiss. Die Kindheit zurück zu erlangen ist der größte Kampf gewesen, seit es die Menschheit gibt. Diejenigen, die das Kind töten, und die Liebenden, die ihre Kindheit nicht verlieren wollen. Ein Mysterium, welches man nicht erklären kann. Es ist die Lebensfreude, die einem kein Ansehen in dieser Welt verschafft. Menschen, die nach Ansehen, Macht und Geld streben haben keine Lebensfreude. Es ist gegen das Gesetz der Harmonie. Lieber spiele ich mit Kindern als mit diesen Götzenanbetern des Geldes zu sein. In der Armee wird gemordet, es ist gegen das Kindliche. In der Wirtschaft wird ausgebeutet, es ist gegen die kindliche Unschuld. Wir dürfen unser inneres Kind niemals sterben lassen. Dies wäre unser Ende. Nur wer in seinem Herzen lebt, wer Lieder singt, die für den Kopf und für den Erwachsenen unverständlich sind, dessen Leben ist gesegnet.

„Bring mir deine Augen Liebling, mehr möchte ich nicht."

Burak Tuncel

Es gibt eine Zeit zu leben und es gibt eine Zeit zu sterben. Doch warum widmet sich die Mehrheit der Menschheit der Nekrophilie, dem Tode? Die Welt lacht nicht von Herzen, deswegen all die Kriege und Nationen. All die ernsthaften Menschen ohne Anmut und Licht im Gesicht zetteln all die Konflikte an in dieser Welt. All die Bäume, Pflanzen und Tiere sind stets am Lachen, nur der Mensch lebt im Unglück. Eltern, Schule und Universitäten töten das Lachen eines Menschen. Wahre Intelligenz ist sehr zart und die Schulen sehr hart. Dort wird das Ego gestärkt, der dunkle Despot. Jeder gegen jeden an diesen Orten. Rette sich wer kann heißt das Motto. Schönheit ist wie eine Rosenblüte, an den Schulen werden die Menschen zu Felsbrocken. Den Kindern wird es verwehrt intelligent zu bleiben. Man muss so schnell wie möglich in ihrer Welt alles daran setzen um ihre Intelligenz zu töten. Schönheit benötigt einen offenen Himmel um zu wachsen. Doch in ihren Städten sind die Hochhäuser sehr hoch, das man den Himmel nicht mehr sehen kann. Dies wird bewusst gemacht von der Gesellschaft, damit wir nicht vom Himmel träumen. Nur Kinder können kreativ sein. Erwachsene sind wie Roboter. Mechanisch und berechenbar. Nur Kinder können wahre Revolutionäre sein. Die Erwachsenen reden nur davon, mehr auch nicht. Nur kreative Menschen laufen andauernd falsche Wege, die Konservativen laufen stets die gleichen Wege. Kreative Menschen sind nicht respektable Leute. Deswegen können sie keinen Nobelpreis gewinnen.

„Wär ich nicht dein liebes Kind, sondern nur ein kleiner Hund und berühre deinen Teller mit dem Mund, würdest du dann zornig auf mich sein? Ehrlich, Mama, sage mir, flunker mich nicht an. Würdest du sagen: „Raus mit dir." Woher kommt denn dieses Tier?

Rabindranath Tagore

Ein Künstler ist nicht respektabel vor der Masse, er muss verschiedene Wege mit der Masse gehen. Ein Liebender bleibt über Nacht, doch verlässt er die Herde wieder am Morgen. Er ist nie ein Hausbesitzer. Nur auf der Wanderung sind Liebesgeschichten möglich. So machet alles rückgängig was die Gesellschaft euch angetan hat. All das leere Geschwätz muss aus unserem System entfernt werden. Wenn man sich aus dem Gefängnis der Gesellschaft löst, dann wird man kein angesehener Mensch mehr sein in den Augen der Herden. Dies muss man in Kauf nehmen. Das Lied der Existenz beginnt dann in dir zu spielen. So entsteht ein göttliches Lied. Solange dieses Lied nicht gespielt wird, werden die Dramen des Krieges weiter gehen.

„Ich habe die Ewigkeit vor mir und eine Einsamkeit in der niemand von meinen Tränen Rechenschaft verlangt."

Honore de Balzac

Jedes Kind wird im Garten Eden geboren, doch die toten Erwachsenen mit ihren Glaubenssystemen vertreiben sie daraus. Das Kind lebt in einer total anderen Welt. Es lebt in der Welt voller Poesie. Was sehen wir in den Schulen und Gotteshäusern? Keine Art von Poesie. Die Versklavung des Kindes ist die größte Sünde und Straftat auf Erden. Im Westen wird diese kollektive Straftat jeden Tag ausgeübt. Ein Mensch, der Augen hat, ist religiös. Er geht nicht in die Kirche, in den Tempel oder in die Moschee. Er betet nicht diese falschen Götter an. Das Leben lässt sich nicht besitzen, doch die Kulturen sind auf Besitz eingestellt. Dort fließen die Menschen am Leben vorbei. Wie kann man nur etwas besitzen? Es ist gegen die Regeln des Lebens. Eine Art Kriminalität gegen die Existenz. Das ewige Leben fließt durch die Wälder, Flüsse und Bäume und nicht durch die künstlichen Großstädte, die aus Menschenhand errichtet wurden. Religiosität fand ich in der Natur, aber Religion habe ich keine gefunden. Man erlaubt es den Menschen nicht ihren eigenen Weg zu suchen. Er wird bestimmt von einer korrupten Erwachsenen Welt. Dass es so viele Nationen gibt, ist der Beweis der Kriminalität. Die Eltern sind die Mörder ihrer eigenen Kinder, sie bringen sie mit ihrer perfiden Weltanschauung um. Die Kinder wohnen im Haus der Zukunft, dort herrscht Schönheit. Die Erwachsenen wohnen im Haus der Ahnen, des Konservativen. Sie widmen sich der Vergangenheit, dem Toten.

„Wenn ich mich auf den langen Schlaf begebe, dann hätte ich es gerne, wenn mein Körper nur in eine Decke gewickelt in die Erde gelegt würde, damit ich meinen kleinen Brüdern Nahrung geben und eine neue Bevölkerung in der unteren Welt schaffen kann. All diese vielen Jahre haben sie mir gut gedient, indem sie halfen, die vielen guten Nahrungsmittel zu erzeugen."

Luiseno

Ja, wir lieben dieses Land von Herzen wie verrückt, doch leider liebt es uns nicht jedes Mal zurück, heißt es in einem Lied. Die süßen Momente hier sind selten, die Sauren überwiegen. Weit weg sind unsere Welten, doch geboren ist der Körper hier in diesem Land. Dem latenten Rassismus begegnen wir jeden Tag. Er ist sehr listig und gefährlich, da man ihn nicht sofort sehen kann. Berühren können wir Liebenden den Himmel, er ist uns so nahe. Die Spalter der Einheit leben unten in der Schlangengrube. Oh liebende Kinder, fliegt empor zu den schönsten Himmeln, brecht alle Schranken. So sehet doch, ihre Welt ist kalt und voller Gewalt gegen den großen Geist. Ich muss zu den Sternen, so lasset mich gehen, da ganz oben bei den weißen Wolken. Dort gibt es keinen Platz für die Religion der Inquisition von heute, die „Mechanisierung." Aus Träumen gestrickt sind unsere schönen Kostüme, die wir mit unseren Herzen gestrickt haben. So warm und zärtlich. Bei den weißen Wolken ist unsere Welt. Wir tragen unsere Kinder auf unseren Schultern, während ihr sie nur liebt wenn sie etwas leisten. Wir sehen alle Kinder der Welt als unsere Eigene an, doch ihr nur eure Eigenen.

So Kinder der Schönheit, nur sie dürfen rein zu den Mysterien des Lebens. Ihr müsst für ewig draußen bleiben. Euer Krach ist belästigend und gegen die Mutter Natur. In eurer Technologie und in euren Einkaufszentren hat sich der Teufel ein warmes Zuhause gebaut. Nein, wir Liebenden sind nicht alleine, es gibt einige von uns, auch wenn sie nicht viele sind. Mit offenen Augen wandeln wir im Schlaf. Meistens stolpernd in eurer Welt, da das Herz es verleugnet. Selten sind wir sicher dort. Dennoch sind wir sicher, dass die Sonne wegen den Liebenden jeden Morgen von neuem aufgeht. Mit offenen Augen laufen wir rüber zur anderen Seite. Wir segeln wie die Vögel zur Freiheit. Mit hundert Flügeln steigen wir in den Himmel empor. Unsere Wege sind voller Wunden, doch immer noch besser wie künstliche und mechanische Wege. Nein, dem Liebenden sind seine Augen heilig. Er sieht nur den schönsten Himmel. Eure Welt kann ihm verwehrt bleiben.

„Der Zufall ist der größte Romanschreiber in der Welt. Um fruchtbar zu sein, muss man ihn studieren."

Honore de Balzac

Tränen benetzten das Papier worauf ich schreibe. Menschen sagen, dass es nur einen Gott gibt. Doch ich behaupte, dass es zwei gibt. Meine These vor der Dialektik der Geschichte. Einen der uns erschaffen hat, und einen den die Menschen für ihre perfiden Ideen erschaffen haben. Nein, ich weiß nicht viel über den Gott der Liebenden, doch eines weiß ich ganz gewiss. Den Gott, welchen ihr erschaffen habt, ist genauso wie ihr. Er ist geldgierig und voller Hass. Reiche empfängt er sofort, doch die Armen müssen Schlange stehen. Doch der richtige Gott ist ganz bescheiden. Euer Doppelgänger Gott ist ein Betrüger und wohnt in Gotteshäusern. Gegen ihn sich anzulegen ist das größte Gebet, so sagen es auch die Offenbarungen. So sehet doch, die Politiker, Priester und Imame beschützen und hüten diesen Doppelgänger Gott so gut wie nur möglich. Er ist ihre Kapitalanlage. Mit ihm betrügen sie die Massen. So wenn ihr den Anwälten dieses Doppelgänger Gottes begegnet, dann macht so schnell wie möglich einen Abgang oder kämpft gegen sie an. Die Masse hat keine sehenden Augen, deshalb können sie wahre Schönheit nicht erkennen. Im Saufen und im Fressen ist ihre Religion Zuhause. Sie leben nur für ihre Sinnesbefriedigung. Das Göttliche bleibt ihren Welten fern.

„Wenn du deinen Glauben verlieren willst, freunde dich mit einem Priester an."

Gurdjeff

Was ist Liebe? Es kommt nicht aus dem Munde, es ist eine Handlung. Liebe ist, von seinem geliebten Besitz abzugeben. Über dem Notwendigsten, alles zu teilen, denn sonst wäre es Diebstahl. Ja, dann möchte Liebe lachen, wenn man das allerliebste Teilt. Was morgen kommt, dies weiß niemand. Doch im Teilen sich zu verlieren, dort wartet der Kuss der Ewigkeit. Drum küßet und Gebet. So wartet nicht lange, das Leben verweilt ganz kurz. Verliebte baden im Geben, die ohne Herz sein will, die Sterben im habgierigen Besitz, oh Liebe. Tränen strömen im Fluss des Teilens. Im Besitz wird der Fluss verschmutzt und das Wasser kommt zum Stillstand. Bettelkram sind ihre habgierigen Lieder. Nur die Wahnsinnigen verlieren sich in der Liebe. Sie bekommen die Zwangsjacke von der Gesellschaft, welche sie bewohnen. Ihre Irrenwärter geben den Befund ab. Sie sind die Ärzte. Die Liebe besteht aus Seufzern der Tränen. Die Liebenden tanzen auf Straßen voller Schmutz, für sie verwandelt sich alles Gift zu süßem Honig. Sie fallen nicht, ihr Gehen ist voller Leichtigkeit. Nein, den Todesnektar fürchte ich nicht, den Tod fürchte ich. Die Geliebte nie wieder zu sehen. Ja, den Verliebten leuchtet ihre eigene Schönheit, die Liebe kommt erst bei Nacht, blind sind ihre Wege. Der Liebesakt bei Nacht bringt die Nachtigallen zum Singen. So komm du Nacht, komm. Zäh sind die Tage, sind lang und unerträglich. So, komm du dunkle, selige Nacht, so komm.

„Der Schöpfer blickt nicht auf eure äußere Erscheinung oder euren Reichtum, sondern er blickt auf eure Herzen und eure Taten."

Mohammed

Die schwere der Nacht ist liebenswert. Sie ist die Schwester der Leidenden. Ihre Brüste sind voller frischer Milch. Saugen an den Kerzen der Nacht. So leuchtet das Schöpferische. Wer liebt. Der liebt den Frühling, die Bäume teilen ihre Freude. Sie teilen ihre Früchte obwohl sie wissen, dass sie niemals ihre eigenen Früchte essen werden. Im Teilen ist ihnen alles Lieb. Die Flüsse trinken nicht von ihrem eigenen Wasser, sie fließen für die Natur und den Menschen. Die Blumen riechen für die Seher der Schönheit. Sie sind alle am Geben um des Gebens willen. Uneigennützig ist ihr Handeln. Der Regen strömt hinab auf die Erde und die Pflanzen und Tiere tanzen im Regen. Wir Liebenden schreiben ihre Werke um der Menschheit willen, wir ertragen Tadel und Spott von der Masse, und doch kennen wir nur das Geben. Wir lernen von den Gesetzen der Existenz. Sie kennt nur das Geben. Wir vergeben der Masse obwohl sie auf uns spucken. Sie wissen einfach nicht was sie tun. Weil unser Leiden ganz alltäglich ist, so leben wir Träne und Freude zugleich. Weh tun ihre Blicke und Gesten, sie sind die Türsteher der Liebe. Doch wir gehen durch die Tore, in den Mündern voller Liebeslieder.

„Die Sucht nach mehr richtet die Menschheit zugrunde."

Mohammed

Unter dem Himmel, da wärt Raserei um die Götter des Mammon. Es eilt sehr. Laut ihre Welten, trüb ihre Tage. Hoch ihre Gebäuden, so dass der Weg der Augen in den Himmel versperrt werde. Gewaltsame Wesen umringen ihre Städt. Zins und Zinssystem ist ihr Gott, obwohl dies ein grausames System ist. Oh, hungrig ist der Geist der Liebe auf der Welt unter dem Himmel, so wartet sie bei den Häusern der Engel. Die Wesen unter dem Himmel, sie lieben zu wenig, und besitzen zu viel. Ekelhaft gedeckt sind ihre Tische, keine Süße wird serviert. Zu schnell sind ihre Gerichte gekocht, ohne Leiden und Brennen. So komm herbei, schnell und gefühlslos. Oh du süßer Tod. Bett mich ein in dein kaltes Bett. Die Not des Tages soll vorbei geh'n, dein Totenkleid schön wie Schnee. Unter dem Himmel ist's traurig und schwer. Mein Los so schwer, o keiner je erleiden dies. Bereit ist der Körper seine Kostüme auszuziehen, sie gab mir Oh Welt. In der Nacktheit geht die Not vorbei, fort mit den Tränen der Welt. Herbei tragen mich die Engel in andere Sphären. Niemand soll erfahren, wo mein Grabe liege, denn Blumen mag ich dienen unter der Erden, den Ameisen zur Speis. Wenn niemand mein Grabe erfahre, so niemand weine an meinem Grab. Das Nachtlied soll gesungen werden, Oh von dir du Geliebte, wenn schon jemand da. Narren so hängen an Besitz. So schauet, was nehme ich mit? Das Leben ist ein Narr, der Tod voller Weisheit. Die Gemeinheit ziehen sie groß, der Tod nimmt sie weg.

Ruh ist nur im Schlaf, Hetze so ist´s auf´m Marktplatz. Missachten tut der Tod so alles Leben. Das Totenkleid so schön.

„Geilheit, Geilheit, immer nur Krieg und Geilheit! Kommt nie aus der Mode. Der Teufel mit dem verbrannten Schwanz hol sie doch alle."

William Shakespeare Troilus und Cressida

Das lebensvolle Pulsieren in der Weiblichkeit wohnend, badend in Blumen, dort möchte gefangen sein der Liebende. Gefangen sein in diesen Welten, so will das Herz. Giftige Nebel hier fern, Marktplatz so fern. Giftige Schlangen o fern, fern ab von all dem Lärmschlamm. Kein Winter mehr, die schöne Nacht wäscht den Mond und die Sonne am Tage. O schlimmer Klang in ihren Großstädten, dem Ohr wird bange, taub das Herz. Komm du Fürst von Traurigkeit in die Augen, vertreibt es auch die Trübsal? So Bechert die Traurigkeit bis die Welt sich wieder dreht, dreht um die Liebenden und nicht um die Götzen der Diener. Warum haben sie denn keine Liebe erlitten? Ihre Tugenden sind uns zu kastrieren, weit weg von der Göttlichkeit. Ihr Magen so erbrechen dunkle Galle, unser Lachen trotzdem süß wie Wein. Aus Liebe mehr Blut verlieren, doch wiedergeboren in anderen Welten. Oh, pfui Teufel, die! Aus ihren Augen spricht kein Leiden mit dem Herzen. Sie sind mit allen einverstanden, was über sie ergehe. Fremd, entfremdet sie mit ihrem Herzen. Flugzeuge haben sie gebaut, doch keiner mag fliegen zu schöneren Welten. Lebwohl sagen die Seelenruh in ihren Welten. Ihre Triebe sprießen, statt die Tränen zu schluchzen.

„Wie schön, die Menschheit ist! O schöne, neue Welt, Die solche Wesen trägt."

William Shakespeare, Der Sturm

Meine Augen, vergeßt nicht. Sie berührten ihren Segen der Liebe bei Nacht. Nie sah ich solche Schönheit bis heut Nacht. Für diese Schönheit fehlen meinen Augen die Vergleiche. Wunderweiß wie der Himalaya ihre Wesenheit. Verwirrt die Zungen und betäubt alle Sinne. O du herrliche Nacht, geschworen sei deine Schönheit, was ist wenn dies alles nur ein Träume ist? An Sommertagen zu dichten, leicht soll es sein, doch mitten in tiefsten Winter, so sind die Worte tief begraben in springenden Brunnen. Stets Sommer kann es nicht bleiben, das Schöne welches sie hat, niemals verwehn, in ewigen Liedern wirst für immer fortbestehen. Der Augen hat zu lesen, solange will leben in Schönheit und Trance. Das Gehirn kocht den Verrückten und Liebenden, der klare Kopf ist schon lange nicht mehr. Im Anblick der Zigeunerin sehen sie Beatrice aus der göttlichen Komödie. Der Dichterblick ist ein anderer als es die Menschheit kennt. Tränen und Freude zugleich. Fliegende Blicke zum Himmel und zurück, sprechen mit den Bäumen. Das Unbekannte schreibt der Stift, in Wörtern des Herzens Zuhause. Der Stift blutet und schreit, die Augen sehen und der Stift ist am Weinen. Die Menschen möchten einfach nicht ändern sich selbst. In der Nachtruhe ihrer Welten lebt es sich einfach. Die scharfe Dorne in unseren Augen.

„Worte, Worte, Worte nur, vom Herzen nichts."

William Shakespeare, Troilus und Cressida

Huren des Intellekts nicht zur Liebe können schwimmen, sie ersticken im Samen ihrer Freier. Der allgemeine Fluch der Menschheit. Dummheit und Ignoranz, sei ihnen in großen Portionen. All dessen müd, möcht ich ferne allem, alleine sein. Öde ihre überdrüssige Welt. Ihr Getue scheußlich und flachsinnig. Seltsam, das Tote denken dürfen, doch ihr Denken ist nicht kreativ und schöpferisch. Wie hoch das Bankkonto heute ist ihr einziger Gedanke. Vom Tod erstand ich wie ein Kaiser um diese Welt zu stürzen. Herrgott, dies muss die Süße der Liebe sein. Sie sind jetzt zur Stund im sanften Schlafen. Ja, die ganze Welt ist eine Bühne. Doch ihre sind geschlossen aufgrund vom tiefen Schlaf. Viele Rollen spielen sie doch keine Wahrhaftige. Sie spielen das Kamel, zum Löwen werden sie nicht. Der alte Mensch, nun stirb endlich stirb. Rede nicht mehr, deine Seele verdirb. Du bist tot und liegst im Kot, wenn du nicht sterbest heute Nacht, so ich sterben muss, muss, und muss. Ihre Missetaten so barbarisch, sie treffen das Herz. Schuldige Kreaturen wohnen in ihren Häusern. So ich sterben muss.

"Wer denkt, wie die frühen Philosophen dachten, nimmt Urlaub von der gemeinsamen Welt, er wandert in die Gegenwelt aus"

Sloterdijk

Der Himmel, wie erzürnt vom Tun der Menschen, baldiges Ende in Sicht. Die Arche Noah in meinem Herzen, doch keiner mag hineinschwimmen. Die Flut wird fluten die Masse an baldigen Tagen. Alle Tiere wohnen bei mir auf der Bühne, sie werden gerettet werden, der alte Mensch in der Sintflut wird verschwinden, für ewig und immer. Ein Fluche wird kommen baldig übers Menschenvolk hier im Lande, innerer Kampf schon immer und wüster Bürgerkrieg. Blut und Zerstörung wird üblich sein wie der Sonnenaufgang. Nach Begräbnis stöhnende Menschen, doch nur ihre Ernte ihrer Missetaten gegen die Einheit des Lebens. Geliebter Krieg und Geilheit, so bring sie alle um. Die Strafe kommt zumeist von den Herrn, die wir anbeten. Dies große Land solch großer Seelen, große durch seine Dichter ist nun verpachtet, sterbend auszusprechen. Im Fressen und Saufen und bei den Konzernen die gegen die Natur sind, ist der Tod zu finden.

„Es ist eine ungeheure Revolution, wenn wir die Sprache der Vögel, der Bienen der Kühe verstehen lernen. Sie alle haben ihre eigene Sprache. Aber dann wird uns wohl etwas traurig ums Herz werden, weil wir noch nicht einmal gelernt haben, mit menschlichen Wesen zu kommunizieren, obwohl wir schließlich seit Millionen von Jahren auf dieser Welt sind. Alles was der Mensch bisher getan hat, ist schlachten, morden und Krieg führen. Mit der gleichen Energie, dem gleichen Aufwand hätten wir diese Erde zum größten Wunder des Kosmos machen können.“

Osho

Wir Armen sterben an der Front, als Soldaten im Krieg, wohnen in unseren armen Stuben, essen das schlechtere Essen, sterben an Krankheiten und sie, die Götzendiener reden von Demokratie und Menschenrechten. Sie sind Abschaum. Es ist der Kampf zwischen Arm und Reich. Die Konzerne verpesten die Natur, das Weibliche wird jeden Tag vergewaltigt hier. Die Kinder und Romane werden jeden Tag ermordet. Und wir sollen bei all diesen Sachen ruhig bleiben? Nein, wir sind nicht Kinder des Teufels, die Gehorsam diesen Vergewaltigern sind. Sie spielen mit unserem Menschsein. Ich beobachte die Männerwelt und die meisten von ihnen sind kastriert worden. Gehorsam den Mächtigen und Reichen, in Anzügen und Krawatten sind sie zu Sklaven geformt worden. Der Sinn des Lebens ist die Mutter Natur zu schützen, seine eigene Göttlichkeit und Unschuld zu bewahren gegen die Bestien, die einem die Libido abschneiden möchten, damit man nicht mehr spüren kann und alles macht was sie einem *Befehlen.*

Die akademische Welt ist die Inquisition von heute. Sie darf man nicht bezweifeln bei all ihren lügnerischen Wissenschaften. Sie arbeiten zusammen mit den Konzernen, die unsere schöne Welt verpesten. Sie sind nicht getrennt voneinander. Mit der religiösen Kaste zusammen spielen sie ein Spiel gegen die Blumen des Lebens.

"Das Leben ist eine Festversammlung; die einen finden sich ein als Kämpfer um den Preis, die anderen als Händler, die Besten aber als Zuschauer, so zeigen sich im Leben die einen als Sklavenseelen, als gierig nach Ruhm und Gewinn, die Philosophen aber als Forscher nach der Wahrheit."

Phythagoras

Unser Gebet ist mit den Sternen und der Sonne, wir brauchen eure Welten nicht. Künstliche Intelligenz kann nicht zu den Tiefen der Liebe vordringen. Bei den Katzen und Hunden, bei den Lämmern und Kühen werden unsere Liebeslieder gespielt. Die Geige ist unser treuester Freund. Ihr aber verschlingt diese Wunder der Natur um euren bestialischen Hunger zu stillen. Euch gefällt das Morden, ob als Auftragsmörder oder direkter Henker. Wir sind immer nur Zaungäste eurer künstlichen Welt. Dort hinein zu treten würde unsere kindliche Unschuld und unsere femininen Energien umbringen. Bei euch herrscht stets der tiefste Winter, hier oben auf unserem Berg sind wir mit dem Frühling und Sommer stets in einer Liebesaffäre. Die wahren liebenden Meister leben weit weg von euren Welten, weit weg von Lärm und Raserei um ein Theaterstück über Wut und Groll und ohne Bedeutung. Tief sind des Liebenden Augen, so dass ihr sie nicht sehen könnt, denn blinde Augen können wahre Schönheit nicht sehen. Darum kann man auch nur mit Mühe das Äußere der Liebenden beschreiben. Die Sensiblen, feinfühligen sind zögernd bei ihren Handlungen, als ob sie an einem kalten Wintertag einen Fluss durchschreiten. Denn nur weil er keine Fülle hat, darum kann er gering sein, das Neue meiden und die Vollendung erreichen.

„Die Welt kannte sie nicht, weil sie sie hatte. Ich, der sie kannte,
blieb hier, um zu weinen."

Petrarca

Die Reichen mühen sich ab ihr Leben lang in harter Arbeit und sammeln viele Schätze auf Erden, die sie doch nicht aufbrauchen können. In ihrer Sorge für das Leben haben sie sich an die Außenwelt verloren. Die Vornehmen fügen die Nacht zum Tag, um darüber nachzudenken, was sie fördert oder hindert. In ihrer Sorge für das Leben werden sie sich selber fremd. Ja, man lernt die Menschen lieben. In den großen Gesellschaften lernt man nur die Menschen hassen. Nur wenn die Seele mit sich selbst heiratet, nur in Stunden der Einsamkeit gehören wir uns alleine, dies ist der eigentliche Zustand, wie die Natur uns wollte. Unsere Lektüre der Einsamkeit ist das heiligste Buch zum Lesen, dort sind die Koordinaten des Schöpfers versteckt. Doch ihre Gesellschaft fördert das Schlechte im Menschen. Man soll darin zu Vampiren werden um anderen das Blut zu lecken. Die Selbstsucht ist der größte Prophet bei ihnen. Nein, gemacht bin ich nicht für diese Welt. Fern ab bleiben, so soll sie mir und den Liebenden. In den Gesichtern der Bewohner ihrer Welt ist nur Feindseligkeit zu sehen. Die Welt ist verdorben heute, mit all seinen unmenschlichen Strukturen, von der Wiege bis zum Grab erleiden wir keine humanen Dinge. Der Staat denkt für die Menschen mit seinen Konzernen und Politikern. Die Liebe hat sich davon gemacht aus dieser Zivilisation, sie weint um die Menschen. Tränen werden zu riesigen Ozeanen.

„Behandelt Frauen Gefühlvoll, behandelt Frauen gefühlvoll."

Mohammed

Meine Wanderungen, durch die Zeiten der Welt hier unten auf Erden mache ich alleine. Wurde verbannt aus ihrer liebesbedürftigen Welt. Die Qual ihres Hasses ließ mich auf Wanderungen gehen, allein und doch mit Allen. Zu empfindlich die Seele, zu gewaltsam die Bilder, jene die ich sah. Ja, ich hätte die Menschen auch gegen ihren Willen geliebt, doch sie versuchten mich zu kreuzigen, so dass ich fliehen musste. Es gibt noch viele Zeilen zu schreiben bevor ich von dieser Welt gehe. Sie hörten auf, Menschen zu sein wenn sie mich sahen, die Fackel der Wahrheit war ihnen zu hell. Nach all diesen Erkenntnissen wurden sie für mich Fremde und Unbekannte. Doch sie wählten diese Art von Behandlung. Meine Schriften sind nur eine Spiegelung der Erfahrungen in mir. Sie sind direkt aus dem Leben selbst entsprungen. Unruhig wurde es mir in ihrer Welt, unruhig der Schlaf, der Magen drückend. In der Hoffnung eine schöne Welt zu sehen wachte ich morgens auf, doch immer nur die gleichen Märchen. Ich wagte es vom Schlafen zum Zustand der Wachheit zu gelangen, dies womöglich die Schuld. Groß ihre Gebäuden, laut ihre Welten, damit wir nicht zum Himmel blicken können, damit wir die Vögel nicht singen hören können. So finden wir nicht zur Natur, und damit nicht zu uns selbst. Ein Einsamer, der nachdenkt über die Grausamkeiten der Welt muss früher oder später alleine bleiben. So groß sein Leiden. Es ist das Schicksal dieser Art von Mensch. Dorn in den Augen der Gesellschaft zu sein. Bin ich seltsam geworden fragte ich mich öfters?

Doch die Kühe wurden von ihren Kindern getrennt auf barbarische Art, nur um Milch für die Menschen zu produzieren. Die Milch gehört doch ihren Kälbern.

*„In der Hand ein Festtagshemd für mich kommt und fragt die
Tante dich: „Wo ist dein Kindlein hingegangen?" Sag dann:
„Kindlein kann doch nicht verschwunden sein. In den Sternen
dieser Augen mein wohnt es, im Schoß, in meiner Brust gefangen."*

Rabindranath Tagore

Der Mensch ist ein Barbar. Wie kann ich nicht weinen, wie kann ich
nicht der weinende Philosoph genannt werden? Nein, ich habe keine
wahre Beziehung mehr zur lauten Menge. Unter ihnen bin ich ein
Nichts, so muss ich davon gehen. Mein Körper ist träge und müde in
ihrer Gegenwart. Meine Zunge am Stocken, weiß nicht wie und was
ich bei ihnen reden soll? Die Themen sind zu flach, keine Tiefe. Das
liebliche Wesen der Nacht, dort bin ich gerne. Bei ihr, sie umarmt
meine düsteren Gedanken die ich bei Tage auf dem Marktplatz sehe.
Sie, die schöne Nacht lässt einen träumen. Ein Traum einer
schöneren Welt. Der Mond ist das Licht der Nacht der Welt. In der
Natur ist alles am Fließen, doch es stockt an Liebe auf dem
Marktplatz. Ich bin ein Kind der Natur, so paaren wir uns jeden Tag,
und meine Bücher sind die Kinder die aus ihr kommen. Ich wünschte,
dass der Zustand wo ich die Geliebte sah für ewig währte, doch alles
geht vorbei. Die Geliebte ist nun weit weg, keine Nachricht mehr von
ihr, ob sie wohl noch lebt? Warum erfreuen die Menschen sich nicht
am reinen Dasein. Wir sind alle ein Wunder der Natur. Wir sehen die
echte Süßigkeit der Natur nicht und essen künstliches. Die Mehrzahl
der Menschen sieht einfach wahre Schönheit nicht. Sie suchen einen
unsichtbaren Gott, den es nicht gibt und vergewaltigen die

Mutter Natur, die eigentlich diesen schönen Gott darstellt. So sind die Zustände der Einsamkeit ohne die Menge köstlich und genussvoll. Das Böse im Menschen hat mich zu einem Verachter ihrer Werte gemacht. So war nicht das Gemüt in der Jugend. Nun voller Wut im Bauch, die Schmerzen der Tiere und Pflanzen die getötet wurden lassen es nicht zu, dass ich die Menschen lieben kann.

„Nur ein Unterschied von Haaresbreite, und Himmel und Hölle sind geteilt."

Lao-Tse

Erleuchtete Menschen haben keine Kinder und neurotische Menschen sollten keine haben, so wird das Chaos der Welt nur weitergeführt. Doch die neurotischen Menschen setzen viele Kinder in diese Welt und alles Leidet daran im globalen Aspekt. Die höchste Geburt, ist zum Tempel der Liebe zu finden, mehr braucht dieses Leben nicht. Es ist ein Verbrechen Kinder ohne Liebe zur Welt zu bringen. Auf dieser Welt wimmelt es schon von kranken Menschen. Jedes weitere ist nur eine Belastung für den Planeten. Nur wer zu einem liebenden Geist geworden ist, sollte Kinder bekommen. Die Tiere und die Natur sind unschuldig, der Mensch hat das kosmische Verbrechen begangen. Kinder, sind die am meisten ausgebeuteten Wesen der Welt. Der Mord an ihrer kindlichen Schönheit wird uns einen hohen Preis als Menschheit zahlen lassen. Die Masse der Leute sieht so stumpfsinnig aus und gehet mit leeren Augen durch die Welt, oberflächlich und ohne jegliche Welt für Tiefes. Ja, große Köpfen und Seelen sind selten aus reichen Familien hervorgegangen. Erfinder von Werthen, Genies und Mystiker kommen nicht aus diesem Milieu, da sie gegen die Strömungen des Lebens fließen. Das Leben ist wie ein Vogel, der in die Wohnung geflogen ist, man weiß nicht wo er herkommt und wohin er gehen wird, so ist das Leben lauf hier auf Erden, ein Mysterium. Das Geheimnisvolle ist das Leben, voller Ehrfurcht und Staunen. Es ist ein Suchen und kein Glauben. Es ist tief und nicht oberflächlich.

„Der Staat, das Establishment und alle gesellschaftlichen Institutionen verhindern psychisches und geistiges Wachstum, vergesst das nicht. Und weshalb tun sie das? Weil jedes Wachstum eine Herausforderung in sich birgt und sie bereits fest etabliert sind. Wer möchte schon in seiner Position aufgestört werden? Die Leute, die an der Macht sind, möchten am liebsten, dass nicht Neues geschieht, denn sonst würden sich die Machtverhältnisse ändern."

Osho

Was es braucht sind mehr freie Philosophen auf der Welt, damit junge Menschen sich ihnen anschließen können, doch den freien Philosophen wird das Leben schwer gemacht und somit werden die Menschen in diesen Gesellschaften hier weiterhin leiden müssen. Diese Menschen traurig zu machen, bedeutet die Existenz und den Schöpfer in Tränen ausbrechen zu lassen. Deswegen ist der Untergang dieser Zivilisationen so sicher wie das Amen in der Kirche. Der tote Verstand ist ein Produkt der Gesellschaften, das Herz und die Seele das Geschenk des wahren Lebens. Ja, die Bewohner dieses Landes sind neurotisch erkrankt und kann sich keine liebenden Wesen leisten, sie sind gefährlich. Wenn es zu viele Liebende gibt, wird die Struktur der bestialischen Gesellschaft zusammen brechen. Liebende werden nicht zu Sklaven werden. Politik und Geld sind genauso starke Drogen wie LSD und Marihuana, und weitaus gefährlicher. Ob Geld, ob Macht, Wettbewerb oder Ansehen, ob LSD oder Heroin, alle gehören zur gleichen Familie. Die Existenz gibt einem den größten Reichtum der Welt, wozu dann noch Drogen?

„O Menschenherz, keine Zeit hast du, wieder und wieder auf jemand zurückzublicken, keine Zeit. Ständig drängt dich des Lebens rasche Flut von Landeplatz zu Landeplatz und Wochenmarkt zu Wochenmarkt."

Rabindranath Tagore

All die Schulen und Universitäten bereiten dich auf einen guten Beruf und ein gutes Einkommen vor, doch ein höherer Lebensstandard bedeutet noch längst kein besseres Leben. Nein, der Mensch lebt nicht von Brot alleine, sagte eins Jesus von Nazareth. Wenn jemand wirklich herzliche Intelligenz besitzt, dann lässt er sich von keinem Kommandieren. Er ist nicht gehorsam den Autoritäten, egal welcher Form auch immer. Ein intelligenter Mensch würde lieber selbst sterben anstatt andere zu erniedrigen oder zu töten. Neunundneunzig Prozent der Menschen bleiben ihr ganzes Leben lang dumm. Die Gesellschaft tötet das Kind und Bestien werden geformt.

„Meditation ist der einzige Beitrag des Ostens an die Entwicklung der Menschheit. Der Westen hat viele Beiträge geleistet. Tausende von wissenschaftlichen Erfindungen, immense Fortschritte in der Medizin, unglaubliche Entdeckungen in allen Bereichen des Lebens. Aber dennoch ist dieser eine Beitrag des Ostens weit wertvoller als alle Beiträge des Ostens."

Osho

Der Kopf ist ein listiges Instrument. Er kann zur besseren Technologie verhelfen, doch er kann dich nicht zu einem liebevolleren Menschen machen, empfindsam und anmutig. Das ästhetische Empfinden bedeutet wahre Moral. Eine Sensibilität für das Schöne, Lebendige. Wahre Erziehung bringt den Menschen der Mutter Natur näher. Aus materieller Sicht verlassen die Liebenden baldig die Welten, doch ihr Wort so bleibt es stets für immer. Wir sind nicht der Körper, ihr seid keine Deutschen oder Amerikaner. Wir sind alle spirituelle und weibliche Seelen.

„Eine gute Tat ist die, die auf dem Antlitz des anderen ein Lächeln erscheinen lässt. So glaubst du, deinen Schöpfer zu lieben? Liebe zuerst deinen Mitmenschen."

Mohammed

Du bist ein schöner Junge, dein einziges Erstreben ist es sich um seine Mitmenschen zu kümmern, du opferst deine Bequemlichkeit um für das Wohl anderer zu arbeiten. Du bist so schön, du lebst nur für die anderen. Du lehrst die Wissenschaft der Seele, die weibliche Philosophie. Du bist Vater, Mutter, Liebster und Lehrer zugleich. Bald wirst du von uns gehen, ja du bist enttäuscht von den Menschen. Sie brechen das Herz der liebenden Wesen, sie können sie in ihrer Welt nicht dulden. Es wäre gegen ihre harten und künstlichen Gesetze auf denen ihre Welt beruht. Nicht mehr hier zu sein wird womöglich deine Heilung sein. Jeden Tag wirst du gekreuzigt und dein sanftes und weiches Herz leidet an dieser bestialischen Welt, die von Wettbewerb stark neurotisch erkrankt ist. Doch zweifellos deine Bücher und Werke werden stets für immer weiter leben. Die akademische Welt ist eine heuchlerische Welt. Sie redet von Fortschritt und Entwicklung, doch sind sie es, die ihre Ahnen anbeten. Sie repräsentieren die heutige Inquisition. Doch alles Schöne kann nur im Schlamm gedeihen. Wie die Lotusblume, genauso wie du schöner Junge. Alle prophetischen Botschaften sind aus dem Schlamm gekommen um der Welt die Lotusblume zu schenken. Akademische Welten sind womöglich gelehrt, doch nicht Weise. Sie sind Scheinheilige.

Sie möchten nur unter sich bleiben. Sie haben einen Mord an der weiblichen Schönheit begangen. Ihr Intellekt ist eine Atombombe, eine kulturelle Atombombe, die es abgesehen hat auf das kindliche, das Unschuldige. Doch du schöner Junge, hast Mitleid mit diesen Heuchlern. Du bist empfindsam und kannst ihre listige Art entlarven. In ihren Universitäten, Tempeln fehlt es an Feinfühligkeit und weiblicher Anmut. Ihre Tempel sind weit weg von den Schönheiten des wahren Selbst, von der Göttlichkeit. Die Gesetze der Natur werden ihre akademischen Welten bestrafen, soviel ist sicher, sagtest du schöner Junge. Ich verneige mich vor deinem schönen Geist. Jeder wird alt, aber ob man ein Mensch wird, darauf kommt es an. Du lehrtest mich das Menschsein. Danke.

„Jedes Kind wird zu einer bestimmten Religion erzogen und konditioniert. Das ist eines der schlimmsten Verbrechen gegen die Menschheit. Nichts kann schlimmer sein, als den Geist eines unschuldigen Kindes mit Vorstellungen zu befrachten, die ihm zum Hindernis bei seiner Entdeckung des Lebens werden.“

Osho, Buch der Kinder

Die Menschen sagen, dass Tiere keine Seele haben. Dies ist nicht richtig. Sie glauben und sagen dies nur, weil sie die Tiere essen und verschlingen wollen. In Wirklichkeit haben Tiere sehr wohl eine Seele. Das Tier schläft, isst und genauso wie ein Mensch. Es pflanzt sich fort. Wie können dann die Menschen behaupten, sie selbst hätten eine Seele, Tiere aber nicht? Dies ist Absurd. Die moderne Gesellschaft befindet sich in einem traurigen Zustand, Dilemma. Niemand ist dort wirklich intelligent. Die Ehrfurcht vor allem Leben fehlt. Die Lebensweise ist gegen das Leben, deswegen sind die Menschen unglücklich. Ihr falsches Lachen ist der Beweis dafür. Überall tobt Kampf ums Dasein. Doch was hat man am Ende davon? Nichts als Leid und Verwüstung. Der Stärkere überlebt und beutet die Schwachen aus. Diese Welt ist krank.

„Aber ich habe kein Geld. Das ist nur eine menschliche Erfindung.
Wir Bäume haben diese Krankheit nicht, und wir freuen uns.
Blüten blühen an uns. Viele Früchte wachsen an uns. Wir spenden
wohltuenden Schatten. Wir tanzen in der Brise und singen Lieder.
Unschuldige Vögel hüpfen auf unseren Zweigen umher und
zwitschern, weil wir kein Geld haben. An dem Tag, an dem wir uns
auf das Geld einlassen, werden auch wir unglücklich und elend
werden wie ihr Menschen die ihr in den Tempeln sitzt und euch die
Predigten anhört darüber, wie man Frieden erlangen kann, wie
man Liebe finden kann. Nein, nein, wir haben wirklich kein Geld.“

Der glückliche Baum

So schauet, bei den Vögeln, Tieren und Pflanzen. Sie haben keine Religion und doch kann man bei ihnen mehr Liebe entdecken als bei den Menschen. Bei den rückständigen Stammesangehörigen aus dem Urwald und Dschungel, die über keine voll entwickelte Religion, Zivilisation oder Kultur verfügen, kann man mehr Liebe entdecken als bei den so genannten progressiven, kultivierten und zivilisierten Menschen von heute. Liebe ist zwar verborgen im Menschen, doch die weiße Art zu leben lässt die Göttlichkeit nicht zu. Die Natur ist eine Harmonie, ein rhythmischer Zusammenklang, doch die Töne und die Musik der sogenannten zivilisierten Menschen ist künstlich. Sexuelle Energie wird verteufelt und unterdrückt. So sehet doch in die Natur, der Dichter schreibt seine Gedichte, der Pfau winkt und tanzt in voller Pracht um seine Geliebte zu verführen.

Dies alles sind Ausdrucksformen *sexueller Energie*. Wenn die sexuelle Energie unterdrückt wird entstehen Krankheiten, die sich in Form von Gier und Macht zeigen. Es kann nur Liebe entstehen wenn wir uns von jeglichen Führern lösen können, in welcher Form auch immer. Alle Handlungen sollten so geschehen, als würde man einen heiligen Tempel betreten. Den Tempel der Göttlichkeit und Mutter Natur. Jeder redet über Liebe doch niemand liebt hier irgendjemanden. Dies ist eine schwerwiegende Lüge. Sonst wäre diese Welt nicht in dieser Lage, voller Wut und Hass.

„Wo die Armut mit der Fröhlichkeit ist, da ist nicht Begierde noch Habsucht.“

Franziskus von Assisi

Das Ego versucht immer sich in einen größeren zu verlieben, da es sich selbst sehr klein fühlt. Aber für die Liebe ist nichts klein oder groß. Die Liebe umarmt jeden, der ihm nahe kommt. Die Liebe verneigt sich und zeigt Respekt vor aller Schönheit, das Ego ist nie bereit sich zu verbeugen. Es sieht sich selbst über allen Bedürfnissen. Die Liebe kommt zum Höhepunkt wenn sie teilen und geben kann, das Ego möchte nur Nehmen. Es kennt das Geben nicht. Deswegen kommen die Liebenden aus der Liebe, sie sind stets am Geben ohne etwas dafür zu verlangen. Sie geben um des Geben willen. Die Liebe ist glücklich wenn sie jemandem Wohlbehagen bereitet. Das Ego ist glücklich bei Unbehagen. Die Liebe wartet stets zu allen Zeiten auf den Geliebten oder die Geliebte. Das Ego wartet stets auf die Götter des Mammon. Die Liebe kennt nur eine Traurigkeit, wenn sie nicht teilen kann. Am glücklichsten ist sie wenn sie voll und ganz geben kann. Das Ego verfolgt immer einen Beweggrund, verfolgt immer einen Zweck. Die Liebe ist ohne Beweggrund und verfolgt keinen Zweck. Das Ego wünscht sich Geld, denn Geld ist Macht. Ego braucht Macht. Deswegen ist das Ego stets unglücklich, da es gegen die Gesetze der Natur vorgeht. Das Ego hält die Liebe für Unsinn, für ein kindisches Hirngespinst. Die Liebe ist glücklich, selbst wenn ihre Gliedmaßen für die geliebte Person abgetrennt werden. Liebe ist immer bereit zu teilen.

Das Ego geht nur dorthin, wo es etwas zu gewinnen gibt. Das Ego geht nicht dorthin, wo nichts zu gewinnen ist. Sie versteht nur die Sprache des Nehmens.

„Wenn Blumen aus diesem Universum geboren werden, dann vertraue ich ihm."

Basho

Das Leben ist eine Pilgerfahrt vom Niederen zum Höheren, von der Materie zum Göttlichen. Doch leider bleibt die Masse zu den meisten Zeiten auf unteren Ebenen. Das Wesen eines Menschen besteht aus *Sexualenergie*. Der Mensch entsteht durch *Sexualenergie*, doch die zivilisierten Kulturen haben den Sex verschmutzt. Es gibt keine wahre Erziehung die mit dem Einklang des Lebens schwimmt. Die Universitäten sind gegen das Universum. Richtige Erziehung wird sich um eure Glückseligkeit kümmern, um eure Freude, eure Liebe, um Musik Poesie und Tanz. Sie wird euch zu einem Liebenden machen. Die Bäume und Vögel singen die schönsten Lieder. Denke nicht, dass die Wandtafeln der Schulen da mithalten können. Die Mathematik verdirbt das Herz, es ist gegen die Mysterien des Unbekannten.

„Was hat das Christentum der Welt nicht alles angetan! Es ist eine hässliche Krankheit. Genau so wenig möchtest du, dass es ein Muslim wird, was hat der Moslem der Welt nicht alles angetan, die nackte Gewalt."

Osho

Die Kinder sind die Opfer der Gesellschaft, der Familie, der Lehrer. Mitgefühl für die Kinder zu haben ist das höchste Ritualgebet. Bisher hatten sie niemanden, dem sie wirklich ihre Zuneigung und Liebe zeigen konnten. Ihre Herzen sind so rein und voller Feinfühligkeit. So werdet einer von ihnen. Die Schulen und Universitäten sind der Nährboden für Neurosen. Dort werden die schönen Seelen vergiftet. Lernet von den Kindern, sie wissen um die Weisheit des Lebens, der Liebe. Ihre Augen sind noch nicht umwölkt, ihre Herzen sind noch im Fluss. Sie sind noch unverdorben. Das Gift der Schulen hat noch nicht gewirkt. So sehet alle Kinder wie eure eigenen. Alle Führer sind Betrüger. Höret auf das kindliche, weibliche Herz. Dort ist die Wahrheit versteckt. Diese Betrüger gehen den bequemen, vorgegebenen Weg. Sie sind Anhänger ihrer Ahnen. Ein reifer Mensch ist niemals eifersüchtig. Er liebt die Existenz mit allem. In den Gesetzen der Natur herrscht eine ungeheure Kooperation. Im Einklang mit dem Leben ist man ein König, in Zwiespalt ein Bettler. Die Gesellschaft ist gespalten. Sie ist neurotisch erkrankt. Und alle euren Psychotherapien stehen im Dienst dieser neurotischen Gesellschaft.

„Der Mond und der Schnee. Ich lebe und betrachte das Schöne. Das Jahr geht zu Ende."

Matsuo Basho

Jedes Kind ist ein Mystiker. Denn sie tragen ein großes Mysterium in sich, das es zu erkennen gilt. Ein Mystiker ist jemand, der versucht, das Mysterium des Lebens zu verwirklichen, der sich ins Unbekannte, ins Unerforschte begibt. Der wahre Weise wird zu einem Kind. An den Augen kann man die Schönheit einer Seele sehen und ob es wieder zu einem Kind geworden ist. Nein, es gibt keine hässlichen Kinder. Doch was wird später aus all diesen schönen Kindern? Wohin verschwinden sie? Später im Leben findet man nur sehr selten schöne Menschen. Was also wird aus all diesen schönen Kindern? Warum verwandeln sie sich in hässliche Menschen? Es ist ganz einfach. Die Erwachsenen ermorden ihre Schönheit. Reife bedeutet, deine verlorene Unschuld wiederzugewinnen, dein Paradies zurückzufordern. Mit einem liebevollen Herzen begegnet man dem Leben. Jesus ist niemand anders als der nach Hause zurückgekehrte Adam. Magdalena ist niemand anders als Eva, die nach Hause gefunden hat.

„Wenn ich mir keinen Gedanken an den Tod erlaube, kann ich auch kein Leben erwecken."

Werner Schroeter

Literarischer Einzelgänger zu sein bedeutet Glückseligkeit und Last zugleich. Nicht verstanden zu werden von den Menschen ist schön und doch lässt es einen leiden. Menschen ändern sich einfach nicht. Es ist nichts zu machen. Wir Liebenden reden die Lyrik der Ewigkeit, sie jedoch leben nur ein Leben lang. Die Moralisten sind diejenigen, die der Welt böses antun. Ihr Gerede ist nicht mehr zum Ertragen. Ja, ich zweifele an mir, bin ein gnädiger Sünder voller Lasten und Missetaten. Gutes Gerede ist meiner Welt fern. Die Menschen, sie reden von Moral und Gläubigkeit. Doch diese Sorte von Mensch hat die Welt verpestet, die Liebe ausgelöscht. Da ist es mir lieber ein Ungläubiger zu sein, eine Art Abschaum. Das Leben ist nicht notwendig, nur ein Stütze zu weiteren Welten. Die Schlafwandler erwachen nicht, oh welch dunkles Werk sie vollbringen. Auf diese Art geht die Welt zugrund, auf diese Art geht die Welt zugrund.

„Was Europa dem Juden verdankt? Vielerlei, Gutes und Schlimmes, und vor allem Eins, da vom Besten und Schlimmsten zugleich ist. Den großen Stil in der Moral, die Furchtbarkeit und Majestät unendlicher Forderungen, unendlicher Bedeutungen, die ganze Romantik und Erhabenheit der moralischen Fragwürdigkeiten und folglich gerade den anziehendsten, verfänglichsten und ausgesuchtesten Teil jener Farbenspiele und Verführungen zum Leben, in deren Nachschimmer heute der Himmel unsrer europäischen Kultur, ihr Abend Himmel, glüht, vielleicht verglüht. Wir Artisten unter den Zuschauern und Philosophen sind dafür den Juden dankbar."

Friedrich Nietzsche

Die polemische und mystische Art zu schreiben kommt tief aus meinem Herzen. Nur eine innerweltliche Transzendenz kann den Untergang der Schönheit stoppen. Ja, diese Schriften erschrecken die Menschen, es ist besser und einfacher im lügnerischen Konformismus zu leben. Nur in der Unordnung, im Chaos kann Ordnung herrschen. Ja, die absolute Freiheit zu erlangen ist ein schweres Unterfangen. Gefangen sind die Wege der Freiheit in nächtlichen Dunkelheiten. Der Tod macht Rast in ihren Schulen, er wartet darauf die kindliche Unschuld zu ermorden. Die Menschen dämmern dahin und denken der Tod sei schlimm, nein nicht zum Lebendigen aufzusteigen während man lebt bedeutet den wahrhaften Tod. Das Jahr 2019 bezeichnet den Anbruch des dritten Mittelalters, denn der Mensch liegt auf dem Sterbebett. Er hat sich selbst getötet.

Des Wort der Liebenden wurde nicht erhört, deswegen nun Dilemma und Drama. Die Masse der Sterblichen sind Wandler im Schlaf. Bei Tag ruinieren sie die Städte. Das Establishment hat kein Interesse daran, dass Menschen aufwachen.

„Unsere Moral ist eine Schule des Todes, und die Tugenden, die wir hochhalten, werden niemals etwas anderes Todestugenden gewesen sein."

Albert Caraco

Kriege werden vom Establishment gefördert, sie brauchen sie um die Menschen zu spalten. Heutzutage leben wir in ihrer Hölle und wir haben nur die Wahl gequält oder selbst zu Teufeln zu werden. Wir tragen eine Hölle in uns und die Städte sind nur ein Symptom der Hässlichkeit, welches unsere Innenwelt bewohnt. Das Abbild der Verwüstung in uns. Die teuflischen Götter der Inquisition haben die Gotteshäuser verlassen. Ihnen war es irgendwann zu langweilig darin und der Profit blieb aus. Heute sind die Götter der falschen Propheten verkleidet in Kreditkarten. Sie betreiben Götzendienst im Zinssystem, wo sie das Blut der Armen austrinken, bis die Armen sterben. Ihre neue Wohnstätte sind die Einkaufszentren und sie sind zuhause in der Religion Produktion und Konsum. Sie haben nur ihre Form gewechselt. Dort wird die Ausbeutung der Frauen in den armen Ländern angebetet. Und wir alle sind Täter und Auftragsmörder dieser herrschenden Religion von heute. Sie machen uns zu Automaten, zu gefühllosen Wesen sollen wir werden ohne jegliches Verständnis für Gerechtigkeit.

„Der alte Kirschbaum blüht, eine Erinnerung an vergangene Jahre."

Matsuo Basho

Lebendig im Schweigen, rastlos in der Traurigkeit. Sag mir wie kann man nicht weinen wenn man sich die Menschen ansieht? Einsam und Unbekannt schreibe ich das Wort. Das prophetische Wort seiner Generation zu sprechen bedeutet die Kreuzigung von der Masse. Was bleibt ist der Trost, die Süße der Vereinigung mit dem Geliebten nach der Kreuzigung. Dort warten bereits alle schönen Menschen, die bereits auf der anderen Seite sind, voller Schönheit winken sie zu und warten. Sie denken, dass sie mit der Todesstrafe mir Schmerzen bereiten werden, nein es ist ein Geschenk, ich kehre Heim zu den schönen Seelen und die Masse kann in ihrer errichteten Hölle weiter leben.

„In Kyoto bin ich, doch beim Schrei des Kuckucks, sehn ich mich nach Kyoto.

Matsuo Basho

Die Götter Produktion und Konsum zu töten war meine Bestimmung. In diesen Schriften töten wir diese falschen Götter, wie es Arno Gruen sagt, mit unserer weiblichen Zärtlichkeit. Doch die Masse duldet keine Geister, die es mit ihnen gut meinen. Sie wollen weiter Knechte der Götter Produktion und Konsum bleiben. In der heutigen Zeit wird die Menschheit von falschen Führern in die Irre geleitet. Die unsichtbaren Führer Produktion und Konsum gehören zu dieser Familie. Ziel eines humanen Lebens ist es, dem Pfad der Selbsterkenntnis zu folgen, und nicht falschen Göttern. Doch die Gesellschaft ist unter die tierische Ebene gesunken. Das Animalische wird geehrt. Alle heiligen Offenbarungen enthalten das Gebot, „Du sollst nicht töten." Doch die angeblichen Christen und Moslems haben moderne Schlachthöfe errichtet und töten wie Kannibalen. Selbst die Kannibalen sind nicht so schlimm wie diese Spezies. Wie können sie an Gott glauben und dieses Gebot missachten? Nein, dies sind nur Etikette hinter die sie sich verstecken. Sie sind Gottlos. Die Leute wissen gar nicht was Gott in Wirklichkeit bedeutet und wie man ihn liebt. Ihre religiösen Feste wie Weihnachten und Ramadan sind nur heuchlerische Feste, wo sie Tiere massakrieren und vergewaltigen. Sie dienen Gott nicht selbstlos. Sie erhoffen sich in ihren Festen und Ritualen einen Gewinn. So ist das in Wirklichkeit ein Handel, keine Liebe.

In ihren Zivilisationen gibt es große Schlachthöfe und sie verzehren Fleisch wie hungrige Vampire. Diese Bestien, die dies tun können nicht als zivilisiert bezeichnet werden. Nur ein Götzendiener und unzivilisierter Mensch tötet unschuldige Tiere und isst sie. Ein liebender Mensch, der um die Liebe weiß, würde nie ein Tier töten oder töten lassen, nur um Fleisch zu essen.

„Das Jahr geht hin. Noch immer trage ich Strohhut und Strohsandalen."

Matsuo Basho

Wer sein eigenes Land als Verehrenswert bezeichnet ist ein Gewalttäter. Er isoliert sich mit dieser Handlung mit der Einheit des Lebens. Wer nur seine tierische Seite benutzt, der kann nicht zu einem Menschen werden. Mensch zu sein ist kein Geburtsrecht, dies muss man sich erarbeiten und dies kann mehrere Leben lang andauern. Das Endziel ist das Nichts zu erlangen. Doch hinter allem verbirgt sich der große Plan, das große Mysterium, das schönste Geheimnis. Nur die Demütigen und Bescheidenen kommen dem großen Geheimnis näher oder berühren es. Wenn die Menschen wirklich gläubig wären, dann würden sie das Tiereschlachten unterlassen. Das Wäre im Einklang mit den Offenbarungen. Jesus und Mohammed sagen, du sollst nicht töten. Doch seine Anhänger denken, wir wollen dennoch töten. Das ist ein so falsches Spiel.

„Sehen sie. Alle reden groß von Meditation, aber niemand weiß, was Meditation eigentlich ist. Diese Schwindler nehmen das Wort Meditation in den Mund, aber sie wissen nicht einmal, was der Inhalt dieser Meditation sein sollte. Sie machen nur fadenscheinige Sprüche. Nein, echte Mediation bedeutet, eine Zustand zu erreichen, in dem der Geist von Gottesbewusstsein erfüllt ist.“

Srila Prabhupada

Das Leid kommt zusammen Hand in Hand mit der Identifikation mit der materiellen Welt. Wer denkt, er wäre nur sein Körper gleicht einem niederen Wesen. Wer so denkt, wird vermutlich im nächsten Leben als Kuh geboren werden, die im Schlachthof dann endet. Die eingefleischten Materialisten haben das Vertrauen in das Leben missbraucht. Das Leben wird auf unschöne Art und Weise zurückschlagen. Alle Lebewesen sind Teile Gottes. Wer also eines tötet, der missachtet Gott. Es ist das Zeitalter der Uneinigkeit und des Streites, und die Herzen der Menschen sind voller Schmutz. Die Haltung, nur meine Familie sei wichtig, aber alle anderen sind mir egal, ist eine kriminelle Haltung. Man soll allen Lebewesen ein Freund sein. Doch hier im Westen kennt man diese Art zu denken und handeln nicht. Die Amerikaner sind Gewalttätig. Mit Gewalt haben sie das Land anderer in Besitz genommen und mit Gewalt halten sie andere davon ab, einzureisen. Welche Philosophie dient dafür als Grundlage? Schurkerei ist ihre Philosophie. Erst eignen sie sich mit Gewalt fremdes Eigentum an, und dann erlassen sie ein Gesetz, dass sich niemand gewaltsam fremdes Eigentum aneignen darf.

Mit anderen Worten, sind sie Diebe. Amerika ist irrgeleitet vom teuflischen, imperialistischen Verstand, und sie leiten andere in die Irre. Das ist der chaotische Zustand in der Welt von heute.

„Der große Fehler in der modernen Zivilisation besteht darin, dass die Menschen fremdes Eigentum widerrechtlich als ihr eigenes beanspruchen und dadurch unnötig die Naturgesetze verletzen."

Srila Prabhupada

Wenn wir Frieden wollen müssen wir die falsche Vorstellung von Besitz abschaffen. Die gesamte Welt der Naturwissenschaft und Technik baut auf der falschen Vorstellung auf, Leben sei aus Materie entstanden. Das Leben wird aus Leben gezeugt. Wenn wir die Wissenschaftler nicht herausfordern und sie widerlegen, werden sie die ganze Gesellschaft in die Irre führen. Die Lebensenergie besitzt mystische Kraft. Die Wissenschaftler erkennen die Liebe und die mystischen Kräfte der Existenz nicht an. Sie sind eben Schurken. Die Wissenschaftler leben im toten Land des Intellekts und sie wissen nicht um den Ursprung des Lebens. Sie können noch nicht einmal einen Grashalm in ihren Laboratorien erzeugen, doch behaupten, dass Leben aus Materie entstünde. Und niemand stellt diesen Unsinn in Frage. Die Sinne, durch die ein Wissenschaftler Wissen erwirbt, sind begrenzt und unvollkommen, deshalb ist sein Wissen ebenfalls begrenzt und unvollkommen. In seiner Unwissenheit mag er behaupten, alles zu wissen, doch das ist einfach lächerlich. Ihre Wissenschaft ist ein wissenschaftlicher Vorgang anderen das Geld aus der Tasche zu ziehen, das ist auch alles. Mit anderen Worten. Es ist Betrug an der Menschheit, wie die organisierten Religionen. Deswegen sind die Intellektuellen, Akademiker und Religiösen Leute eine Familie für sich.

Sie stehen im Dienste der Reichen und Mächtigen Pharaonen. All ihre schönen Worte führen zu keinem Fortschritt. Es ist nicht *Synchron* mit dem schönen Lied des Lebens. Überall herrscht Wassermangel und Hungertod auf der Welt. Warum unternehmen diese Menschen dann nichts dagegen? Nein, sie fliegen lieber zum Mond und versuchen einen staubigen Planeten fruchtbar zu machen, anstatt unseren Planet fruchtbar zu machen. Sie sind Heuchler und Lügner. Zur *Hölle* mit ihnen.

„Unsere Wissenschaft geht in den Wald hinaus, schaut sich einen Baum an und sagt, „Das ist gut gegen Kopfschmerzen, wenn du Kopfschmerzen hast, nimm das. Es gibt nicht mehr viele Menschen, die das wissen. Und das ist traurig. Ich würde das gern lernen, aber es gibt wirklich niemanden mehr, der das lehrt. Das ist unsere Wissenschaft. Mathe, das heißt bei uns, die Sterne betrachten und den Mond deuten, welcher Mond beeinflusst was. Wir haben unsere eigene Mathematik und unsere eigene Naturwissenschaft, aber die Kinder wissen nichts mehr davon."

Seneca

Wer einem Mörder oder Dieb hilft, wird auch zum Verbrecher. Alle, die in diesem System teilnehmen, und die kindliche Unschuld umbringen sind Verbrecher. Die Wissenschaftler und Konzerne die unsere Umwelt zerstören dienen den Räubern und Dieben, dem Establishment und den Staaten. Folglich sind sie alle Kriminelle. Wir Liebenden müssen diese Halunken zur Vernunft bringen. Sie wissen nichts von wahrer Liebe und von Gott. Sie forschen ständig weiter und leben viele Jahre lang. Aber sie haben keine Ahnung, welch grausames Schicksal sie danach erwartet.

„Wir sind wie die Blumen. Wir leben, und wir sterben, und aus uns selbst heraus wissen wir nichts. Aber das, was größer ist als wir, lehrt uns, wie wir leben sollen.“

Yuma

In einer betäubten Menschheit lebt es sich einfacher betäubt von weltlichen Dingen zu sein. Einige leben im grenzenlosen Überfluss, und andere verhungern. Der Überfluss ist durch Diebstahl entstanden. Sie sind für die hungernden Kinder und Tiere verantwortlich. Der Mensch wird getäuscht durch beliebige Glaubenssysteme. So halten sie die Hungernden in Schach. Man kann diese Schlafwandler nicht in Seher verwandeln, dafür sind sie viel zu tief in Mist gebadet. Ihr Reichtum ist ihr Kot, in dem sie sich jeden Tag baden. Gläubige Menschen denken nicht über das Leben nach und die Intellektuelle Welt findet den Weg zum Herzen nicht. Dies ist ein tragisches Drama. Doch beide bilden sie eine Familie. Sie gehören zur gleichen Sorte von Abschaum. In der Stunde des Unterganges sagt diese Familie was wir zu tun haben sollen. Schämt euch, Vergewaltiger des Lebens. Schleckerei, Konsum und Produktion lehren uns nicht das Nachdenken. Deswegen gibt es so viele Roboter in Menschenkostümen da draußen. Die Männer der Götzendiener schwängern, ihre Frauen gebären und es wird die Masse der Verdammten geboren, damit unsere Zukunft dunkel bleibt. Vor dem Schicksal sind die meisten Menschen wie kleine Angsthasen.

Bei unwichtigen Sachen stacheln sie ihr Ego auf und zeigen künstliche Stärke. Doch ihr Theaterstück ist leicht zu entlarven. Sie sind Schwächlinge wenn es gegen das Establishment oder gegen die Staaten geht. Da sind sie still und Gehorsam ihren Herren und Vorgesetzten in den Konzernen und Fabriken. Die Mörder der Natur.

„Wir gehen hier jeden Morgen aus dieser Tür und betreten Mutter
Erde, wir wissen, dass uns niemand das niemand nehmen kann.
Wir können auf der Erde gehen, weil wir wissen, dass sie nicht uns
gehört. Unsere Aufgabe ist, auf sie aufzupassen."

Chiparopai

Es sind Kräfte am Werk, welches die Gesellschaft hier nicht anerkennen möchte. Es ist das Weibliche, Schöpferische. Sie spricht die sanfte Sprache. Ihre Welt ist hart und herzlos. Der männliche Verstand ist selbstsüchtig, voller Zorn und Herrschsucht. Doch jeder der auf diese Welt kommt hat eine Aufgabe zu erfüllen. Zur Liebe *„Aufzusteigen."* Doch diese Gesellschaftsform, die wir bewohnen unternimmt alles damit dies nicht geschieht. Ja, die Anzug und Krawattenträger haben die Welt verpestet. Sie sind die Terroristen unserer Zeit. Doch die nächsten Tage sollen den Frauen gehören, damit meine ich nicht die Sexualität eines Menschen, sondern die femininen Energien. Die meisten Frauen sind wie Männer in ihrem Inneren. Sie widmen sich der Hurerei der männlichen Welt des Mannes. Die Zeit soll endlich reif sein. Das Feminine soll die Welt regieren, mit all seiner Kunst, Dichtung, Poesie und Malerei. All die Natur spiegelt die femininen Energien. Dort kann man sie auffinden. Die aggressive, analytische, intellektuelle und herrschende Energie des Mannes hat die Welt zu einem Irrenhaus werden lassen. Die Liebenden Energien der Weiblichkeit sind zart. Sie sind weit geflohen aus dem Lande des Intellekts. Es ist die Welt der weißen Spezies, die diese heutige bestialische Welt errichtet hat.

Heute hat diese Welt die meisten Kulturen der Welt für sich eingenommen. Die Masse kommt nie mit dem mysteriösen Geist, namens Liebe in Berührung, da ihre Schwingung weiblich ist. Des weißen Mannes Welt geht über das Körperliche nicht hinaus. Er lebt für die tote Materie. Ihre Logik tötet Kinder in Kriegsgebieten. Sie haben ihre Logik benutzt um Waffen und Geld zu erfinden damit Menschen leiden. Das Feminine ist empfangend, sie jedoch wollen nur nehmen.

„Ich hätte lieber die Sterne als Dach und die Erde als Fußboden,
ich würde lieber unter einem Baum leben und einen Korb flechten
oder tun, was ich immer getan habe. Mein einziger Wunsch ist,
dass wir freier wären und zu den Hügeln und Bergen gehen
könnten, um dort einen Tag zu verbringen. Einfach um die
Erinnerungen zurückzuholen, wie es war, als wir dort lebten.“

Juanito Centeno

Flüsse, die einst sauber waren wie unschuldige Kinderaugen sind nun verschmutzt. Berge, die mit schönen Haaren bewachsen waren, sind nackt. Das Meer kämpft jeden Tag ums Überleben. Wo früher Millionen von Fischen schwammen, gibt es nun keine mehr. Dies ist das Werk des analytischen, westlichen Verstandes. Die letzten Schätze die uns geblieben sind gibt es nicht mehr. Wir kamen alle aus der Liebe, doch trennten uns vom universellen Gesetz und bauten künstliche Welten auf, die gegen die Wunder des Lebens waren. Und so entfernten wir uns von der Liebe. Das Leben der Liebe ist für immer vorbei. Ab sofort sind die Tage gezählt. Ich sehe in meinen Träumen schöne Dörfer, wo Kinder noch unschuldig spielten. Leider sind dies nur noch Träume. In Wirklichkeit kommt dies nicht mehr vor. Die Schulen und Universitäten haben es sich zum Auftrag gemacht, das Kindliche, Unschuldige zu töten und sie hatten dabei großen Erfolg. Unser indianisches Leben, dies weiß ich, ist für immer vorbei.

„Ein Volk ist so lange nicht erobert, wie die Herzen seiner Frauen stark sind. Dann aber ist es aus und vorbei. Einerlei, wie mutig die Krieger. Und wie stark ihre Waffen auch sein mögen."

Cheyenne

Manchmal sagen die Leute, ich würde wieder den Indianer oder Schamanen spielen. Oh, das ist traurig. Ich glaube nicht, dass ich das spielen muss. Ich bin ein Indianer und Schamane. Nur weil in ihrer Welt alles gespielt und gekünstelt ist können sie sich eine Welt fernab nicht vorstellen. Weil sie keinen Anstand und keine Moral haben hassen sie die Indianer. Wir sind rein und voller Feinfühligkeit. Sie können diese Art von Schönheit nicht leben, deswegen all ihr Hass auf die Indianer. Dort wo man vor Ehrfurcht vor dem Leben zittert, dort sind die Schönheiten Zuhause.

„In jeder Sekunde unseres Lebens erforschen wir alles um uns herum. Die Geräusche. Die Musik. Außerhalb unserer Kultur haben Menschen dieses Bewusstsein nicht. Wir müssen dieses Bewusstsein zurückbringen. Es bedeutet einfach in Einklang mit dem Geist leben. Was die Menschen heutzutage machen müssen, ist, dieses Bewusstsein wieder zu entwickeln."

Tewa

Kleine Kinder sind etwas so kostbares und schönes, weil in ihnen noch diese enge Verbindung zwischen unserer Welt und dem Schöpfer besteht. Tiere nehmen Kinder ganz anders wahr als die Erwachsenen. Sie spüren die Verbindung bei den Kindern zum Schöpfer. Unsere Vorfahren sagten, dass Lieder der Liebe in der Stille geboren werden. Nur dann nehmen sie im Geist der Menschen Gestalt an. So entstehen Lieder der Ewigkeit. Die Welt der Kapitalisten bekommt von der Existenz keine schönen Lieder geschenkt. Diejenigen, die nach Macht streben in welcher Form auch immer können die Gebete und Lieder der Wissenden nicht empfangen. Zu betäubt sind die Ohren ihres Herzens. Ich erzähle eigentlich in meinen Büchern die Reise zu den Blumen. Dort rede ich mit ihnen und verfasse zu Papier die Gespräche mit ihnen. Bei den Blumen ist der Ursprung der Schönheiten zuhause. Doch ich erzähle nicht alles was sie mir sagten. Es gibt Geheimnisse zwischen uns. Wenn die unschuldigen Kinder in die Großstädte gehen und dann zurückkehren dürfen, ist ihr Verstand so vergiftet, ihr Geist so beschädigt und ihre Seele so verseucht, so dass sie die Blumen nicht mehr wahrnehmen können.

„Ich bin einer der Propheten meiner Zeit, und da ich nicht das
Wort ergreifen darf, schreibe ich, was ich zu sagen hatte.“

Albert Caraco

Kinder der Liebe sind nicht wie gewöhnliche Kinder. Ein Kind der Glückseligkeit erweckt immer den Eindruck als käme er aus anderen, schönen Welten. Sein Gesicht wirkt sehr ernst, außer wenn es lacht, dann wird die Welt von seinem Licht erhellt. Man schaut in die Augen dieser Kinder, und man weiß, dass dieses Kind alles weiß, was von Wichtigkeit zeugt. Kinder der Liebe und Glückseligkeit sehen immer etwas anders aus als andere Menschen. Sie haben lange, kräftige Beine und einen entschlossenen Gang. Sie lachen wie alle anderen Kinder, und sie sprechen wie alle anderen Kinder, und doch sind sie anders, sie sind gesegnet, sie sind besonders, sie sind heilig. Sie müssen gehegt und beschützt werden, sogar wenn man sein Leben dafür riskieren muss. Ja, sie verfallen öfters der Traurigkeit aber sie werden sie besiegen. Sie halten aus, was andere nicht aushalten können. Sie überleben dort, wo andere nicht überleben können. Sie empfinden Liebe, auch wenn sie ihnen nicht gezeigt wird. Während ihres ganzen Lebens versuchen sie, die ihnen bekannte Liebe weiterzugeben. Diese Kinder möchte man so früh wie es möglich beseitigen, da sie eine Gefahr darstellen für die anderen Kinder. Sie sind ein schlechtes Beispiel, da sie von der Liebe sprechen und danach handeln. Dies ist gefährlich für die älteren, an Neurose erkrankten Erwachsenen.

Diese schönen Kinder verwandeln die Stimme des Windes in ein Lied, das durch ihre Liebe noch süßer wird.

„Diese Politiker können schamlos lügen. Fast alle Parlamente Europas haben unter dem Druck der Amerikaner – Resolutionen, Gesetze und Erlässe verabschiedet. „Dieser Osho ist sehr gefährlich und sollte nicht ins Land dürfen." Und weil sie Jahr für Jahr Dollarkredite in Milliardenhöhe bekommen und Amerika weiß, dass sie nicht zurückzahlen können, denn womit sollten sie zurückzahlen? Sie sind ökonomische Sklaven. Selbst die großen Nationen, die einst die ganze Welt regierten, sind heute in der Position von Prostituierten und Bettlern. Und sie haben nicht einmal die Courage, die amerikanische Regierung zu fragen, „Was meint ihr mit gefährlich? Hat er eine Nuklearrakete bei sich? Kommt er mit Atombomben?" Nein, einundzwanzig Länder und darunter auch Deutschland haben beschlossen, mich nicht einreisen zu lassen, weil sie befürchten, ich könnte ihre Religion zerstören, ich könnte ihre Moral zerstören, ich könnte das Denken ihrer jungen Leute korrumpieren."

Osho

Das Größte auf Erden ist ein liebevolles Herz zu sein. Es gibt nirgendwo etwas Großartiges als dies. Und alle Menschen haben im Ursprung ein liebendes Herz. Doch man bildet keine Zivilisationen in der sich dieses Herz öffnen kann. Die Götter Konsum und Produktion finden keinen Platz im Herzen. Die Bäume, die Meere und Flüsse verachten die Götter Produktion und Konsum, da sie dadurch in ihrer Schönheit verpestet werden.

„Ein warmes Bad, ein Gebet zu Buddha. Ein Kirschblütenzweig."

Issa

Nur eine spirituelle Entwicklung, zu den Blumen des Frühlings im Inneren kann Fortschritt auf der Welt bewirken. Ahmt nicht die Amerikaner und Europäer nach, die wie Katzen und Hunde leben. Die Atombombe steht bereit, und sobald der nächste Krieg ausbricht, werden all ihre Wolkenkratzer und sonstigen Errungenschaften zerstört werden. Versucht die Dinge so zu sehen, wie es ein mit Liebe erfüllter Mensch sehen sollte, nämlich aus den Tiefen seines Geistes. Das Thema meiner Werke ist es den Menschen an seine eigentliche Bestimmung zu erinnern. In allen Lebewesen wohnt eine spirituelle Seele, sie ist nur in verschiedene Gewänder gehüllt. Selbst wenn alles auf der Welt zerstört wird, die Seele bleibt. Überall begehren und klagen die Menschen. Es ist ihr trauriges Lied. Das ganze weltliche Leben sitzt sich aus einer Mischung von Begehren und Klagen zusammen. Die Menschen begehren Dinge, die sie nicht besitzen und trauern denen nach, die sie verloren haben. So ist das materielle Leben. Die materielle Welt ist ein Ort des Grauens, des Krieges und des Wettbewerbs. In Wirklichkeit gibt es in diesen Welten keine Liebe, so siehe die moderne Zivilisationen mit all seinen Errungenschaften. Viel Technologie, doch keine Liebe. Was in ihrer Welt als Liebe bezeichnet wird, ist nichts anderes als Lust oder der Wunsch nach Befriedigung der eigenen Sinne. Außer der Liebe gibt es keine Liebe sondern nur lustvolle Begierde.

Die Menschen befriedigen gegenseitig ihre Sinne und sobald man keinen Genuss mehr erhält, kommt es zur Scheidung oder Trennung. Streit und Hass. So viele Dinge geschehen unter dem Deckmantel dieser falsch verstandenen Liebe. Ich beobachte ihre Städte und Marktplätze. Die Menschen richten ihre Zuneigung auf etwas Materielles, auf Vergängliches. Und danach erleiden sie großen Schmerz und herbe Enttäuschungen. Schaut euch doch nur um. Die materielle, westliche Einstellung mit dem Leben in Kontakt zu treten ist wie ein Gefängnis, ein Ort der Bestrafung. Die Religion der Inquisition von heute. Die westliche Einstellung welche heute Regiert ist von Dualität bestimmt. Sie ist nicht im Einklang mit dem Leben. Einheit ist nur in spirituellen Welten möglich. Es kann keine Einheit geben solange Nationen und Religionen bestehen. Jeder, der sich zu einer Nation bekennt ist ein Terrorist gegen die Blumen des Lebens.

„Menschen, die nicht an die Seele glauben, befinden sich in einer höchst unglückseligen Lage, denn sie wissen weder, woher sie gekommen sind, noch wohin sie gehen werden. Kein Wissen ist wichtiger als das Wissen über die Seele, doch an keiner Universität wird es gelehrt."

Swami Prabhupada

Arbeit ist sichtbar gemachte Liebe. Wenn die Dichter etwas erschaffen, machen sie ihre Liebe zur Existenz sichtbar. Es ist ein unaufhörliches Lied, die Vögel singen, die Blumen singen. Ob ihr es hören könnt oder nicht, ist eine andere Sache. Ihr denkt, die Blumen singen nicht? Denkt lieber, dass ihr selber taub seid! Denn ich habe sie singen gehört, habe sie tanzen gesehen. Selbst die Stille der dunklen Nacht ist ein Lied. Die Schaffenden der Liebe können diese Lieder erhören. Doch die Gesellschaft, welche wir bewohnen backt Brot mit Gleichgültigkeit, deswegen schmeckt es so bitter und tötet die Schönheit des Körpers. Nur wenn ihr dasitzt und den Vögeln und Blumen beim Singen zuhört, könnt ihr von der ewigen Liebe kosten.

„Aber die ganze Verantwortung fällt auf mich. Ich habe in vielen Gefängnissen für euch gelitten. Ich habe in den Händen dieser unmenschlichen Polizisten für euch gelitten. Ich habe auf verschiedenste Weise durch fast alle Regierungen der Welt für euch gelitten."

Osho Shree Rajneesh

Es sind so schöne Neinsager auf den Straßen dieser Welt schon gelaufen. Küssen möchte ich ihre schönen Füße. Sie sind es, die das Leben liebt. Denkt an Friedrich Nietzsche, er ist ein Neinsager, aber wunderschön. Seine Begabung, nein zu sagen, hat die Welt auf so wundervolle Weise bereichert. Die Erde wäre um vieles ärmer, wenn es keine Menschen wie Nietzsche, Osho oder Mustafa Kemal geben würde. Sie sagten alle Nein, auf eine Balsame Art. Nein zu den falschen Göttern, nein zu den Amerikanischen Imperialisten und Nein zu den Europäischen Imperialisten. Nein, zu den Osmanischen Tyrannen, nein zu den Arabischen Sitten, die alle stets auf Invasion anderer Kulturen bedacht sind. Die Verderber der Menschheit. Auch Buddha war ein Neinsager. Er verneint grundsätzlich alles, es ist unmöglich ein Ja aus ihm herauszubringen. Aber was für ein wundervolles Wesen ist aus diesem Nein entstanden. Sein Nein muss vollkommen und total gewesen sein. Eure Welt ist voller Jasager zu ihren Herren, deswegen all die Dramen. Die Menschen fressen die Tiere auf, doch wenn ein Tier sie selbst dann auffrisst ist dies ein Unfall. Welch ein heuchlerisches Spiel! Auch ich verneine ihre Welt mit all seinen Tugenden und Moralaposteln, Priestern, Imamen und Konzernen. Sie sind verpestet im Herzen, und so auch ihre Welt.

Eure Maschinengewehre können mir nichts ausmachen, die ihr gebaut habt mir eurem teuflischen Verstand. Die Liebe kann man nicht töten.

"Nur der Mond und ich sind zurückgeblieben im kühlen Wind auf der Brücke."

Kikusha Ni

Oh Kinder der Zukunft, unablässig stopft man euch voll, mit Geographie, mit Geschichte, mit Mathematik. Ihr werdet Papageien. Man behandelt euch wie Computer und Roboter. Man füttert euch, wie man Maschinen füttert. Eure Bildungsinstitutionen dienen nur dazu, euch den Kopf vollzustopfen. Wahre Erziehung wird versuchen, ans Licht zu bringen was in euch verborgen ist, was die Existenz als euren Schatz in euch hineingelegt hat. So vergesset nicht meine kleinen Brüder, der Mensch wird als Potenzial geboren, als eine Möglichkeit. Doch nur sehr wenige werden eines Tages zu wirklichen Menschen werden. Die Gesellschaft, die du bewohnst, kleines, unschuldiges Wesen möchte, dass du dich selbst betrügst. Sie möchte dich als eine Maschine, dass du tust was man dir zu sagen hat. Sie kann kein intelligentes Wesen brauchen, denn ein intelligentes Wesen könnte es nicht aushalten in ihrer Welt mitzumachen. Denn ihre Gesetze sind auf Wettstreit aufgebaut. Nur der Stärkere überlebt. Doch Gott ist mit den Schwachen. Deswegen ist ihre Zivilisation von der Liebe Gottes sehr weit entfernt. Gott hasst dieses Handeln, dass der Schwächere diskriminiert wird. Denn Gott ist im Schwachen verkörpert hier auf Erden. Damit beleidigen sie den Herrn. Lernen bedeutet Empfänglichkeit, Lernen bedeutet Verletzlichkeit. Lernen ist Offenheit und Grenzenlosigkeit. In ihren Schulen bedeutet Lernen nur akkumulieren von totem Wissen.

Der Mensch wird als Same geboren. Vielleicht wird daraus ein Mensch, vielleicht auch nicht. Es liegt in euren eigenen Händen Kindern der Zukunft. Der erste Schritt zum Menschsein ist ihre Welt zu negieren.

„Im Frühlingsreden. Ein Schirm, ein Regenmantel. Gehen,
plaudern."

Yosa Buson

Oh Kinder der Zukunft, es kann ja sein, dass ihr meinen Worten nicht genügend glauben möget. Kein Problem. So denkt die Mehrheit der Menschheit. Die Grammatik des Lebens wird zeigen, wer früher oder später Recht hatte. Hinterfragt auch mich. Macht eure eigenen Augen auf. Schaut nach draußen. Da laufen so viele Roboter herum. Sie sind perfekt funktionierende Arbeiter und Buchhalter. Sie funktionieren einwandfrei. Sie sind qualifiziert, doch wenn du in ihr Inneres hineinschaust, findest du nur armselige Bettler und sonst nichts. Sie haben vom Leben noch nichts gekostet. Sie wissen nichts davon. Das Leben gibt ihnen nicht einmal die Krümel von seinem Tisch ab. Sie haben keine Ahnung von der Göttlichkeit der Welten. Sie können nicht singen. Sie sind strohdumm. Gewiss, sie verdienen viel Geld und sind erfolgreich, doch kein Frühling im Herzen, was bringt dies? Tod ist nun mal Tod. So ist die Welt zu einem Irrenhaus der Reichen geworden. Für Liebe ist da kein Platz. So, saget mir Kinder der Zukunft. Wie könnte in solch einer gewalttätigen, ehrgeizigen und auf Wettbewerb ausgerichteten Welt, in der jeder den anderen an die Gurgel fährt, Platz für Liebe sein? Das Leben ist nur ein Kampf in ihrer Welt.

„Was hast du Narr, von deinen edlen Kleidern? Im Äußeren bist du gepflegt, im Inneren lässt du alles wuchern."

Dhammapada

Oh Kinder der Zukunft, werdet zu Individuen und gehört nicht zur Masse. Der kollektive Selbstmord heute ist in vollem Gange. Wegen all den Staaten, Nationen, Religionen und Politikern konnten wir keine Individuen sein. Schluss damit. Wir werden die Frage Selbstmord zu begehen nicht den Politikern überlassen. Unser Selbstmord hat eine andere besondere Bedeutung als euer kollektiver, langsamer Selbstmord. Unser Selbstmord ist kein gewöhnlicher. Er ist ein Nein an eure Gesellschaften. Ein Fragezeichen an eure Familienstrukturen, eure Religionen, an die Art und Weise, wie ihr die Welt regiert. Die Menschheit hat den globalen Selbstmord auserwählt. Lang zuvor hatten wir Liebenden sie gewarnt, doch sie wollten nicht hören. Der neue Mensch ist nicht hervorgekommen, der keine Politiker, keine Priester und keine Führer braucht. So widmen wir uns unserem eigenen Selbstmord, Oh Kinder der Zukunft. Dies ist unsere Rettung aus diesen düsteren Welten.

„Tiefer Herbst. Mein Nachbar, wie mag´s ihm gehen?"

Matsuo Basho

Es ist der unschöpferische Mensch, der innerlich verarmt. Die äußerliche Show von Luxus, Status, Autorität, Macht blendet uns, weil es das ist, was wir wollen. Ein Mensch, der wirklich zur Liebe gelangen will, muss sein ichbezogenes Handeln also unweigerlich aufgeben. Aber die Strukturen der Gesellschaft, welche wir bewohnen sind aufgebaut auf den Säulen des Ichbezogenen Handelns. Oberflächlich tun die Menschen so, als wären sie Freunde, doch ihre Auren deuten auf Kampf. Sie sind ständig in Kampfbereitschaft. Es würde keine verwahrlosten Dörfer und Städte geben, wenn wir einander liebten. Nein, wir würden handeln, doch jeder handelt nur in seinem eigenen Interesse. Es ist offensichtlich, dass es in unserer Gesellschaft keine Herzenswärme gibt. Die hängenden Gesichter zeigen dies. Nur wenn wir eine neue Zivilisation schaffen, eine völlig neue Welt, in der es kein Streben nach Besitz, keinen Neid und kein Vergleichen gibt, kann die Liebe sich in seiner schönsten Pracht zeigen. Ehrgeiz, Wettbewerb und Konkurrenz lassen die Schönheiten des Lebens in andere Welten fliehen. Wieso soll ich mich in diese verrottete Welt denn integrieren? Nein mich zu integrieren würde mich auch zu einem elenden Menschen machen, lebend in niedrigen Stufen.

„Beobachten sie einmal einen Mann mit sicherem Einkommen, und sie werden bald sehen, wie rasch er geistig abbaut. Vielleicht hat er eine hohe Position inne, den Ruf, besonders schlau und gerissen zu sein, aber alle Lebensfreude ist aus ihm gewichen."

Jiddu Krishnamurti

Ich laufe hinaus auf die Straße. Es ist eiskalt. Diese sogenannten gebildeten Leute überall auf der Welt bekämpfen sich in Kriegen. Die Wissenschaft ist doch so weit fortgeschritten, dass wir für alle Menschen genügend Nahrung, Kleidung und Wohnraum bereitstellen könnten, und dennoch tun wir es nicht. Die gebildeten Leute haben studiert, besitzen akademische Grade und Abschlüsse. Sie führen sich auf wie heilige Leute. Und doch haben sie keine Welt geschaffen, in der der Mensch glücklich leben kann. Das moderne Bildungssystem hat versagt mit all seinen Strukturen. Diese heuchlerischen Menschen möchten keine schöne Welt. Die akademische Welt ist ein Haufen von Dreck. Sie denken nur an ihr eigenes Wohl. Die hungernden Menschen sind ihnen egal. Die akademische Welt und die Konzerne arbeiten zusammen, die unsere Welt zu einer Hölle gemacht haben. Sie werden angeklagt werden, von der Dialektik der Geschichte eines Tages. Dies ist sicher. Da werden ihnen ihr Geld, ihre Doktortitel und Abschlüsse auch nicht helfen können, erwarten wird sie ein Fegefeuer aus Wut, da sie gegen die Blumen des Lebens eine Missetat begangen haben.

„Verlangen ist nicht Liebe. Verlangen führt zu Vergnügen.
Verlangen ist Lust, keine Liebe."

Jiddu Krishnamurti

Die Struktur der Familie ist gegen das menschliche Miteinander als Ganzes gerichtet. Da man nur seine eigene Familie für wichtig hält, und man sich vom Rest der Menschheit isoliert. Nein, ich beobachte und komme zum Entschluss, dass die Menschen ihre Kinder nicht lieben. Sie tun nur als ob. Weiß man denn was es heißt Kinder zu lieben? Nein, diese Gesellschaft weiß nichts von der Liebe. Wenn die Menschen ihre Kinder lieben würden, hätte man ein anderes Bildungssystem, eine völlig andere Erziehung. Es gäbe keine Kriege, kein Konkurrenzdenken und keine Reichen und Armen. Aber weil die Menschen nicht lieben gibt es dies alles. Ja, das Streben nach Sicherheit bringt Chaos. In der Liebe gibt es kein Verlangen nach Sicherheit. Das westliche Denken basiert auf der Perspektive des Nutzens. Dieses teuflische Denken betrachtet Sachen nur um seine eigenen Bedürfnisse zu befriedigen. Sie lieben die Erde nicht, nein, sie benutzen sie nur. Immer wird die Mutter Natur benutzt, nie bedingungslos geliebt in ihrer Welt. Sie haben in ihren Welt den Kontakt zum Lebendigen verloren. Sie sind unempfänglich für die Schönheiten der Existenz. Und weil der westliche Verstand die Natur nicht lieben kann, so kann sie auch keine Menschen und Tiere lieben. Ihr weißen, besitzorientierten Menschen habt die Welt vergiftet mit eurem egoistischen Denken. Nun suchen Geister wie mich Lösungen und opfern ihre Gesundheit um eine Lösung zu finden für euren Mord an der Existenz.

Ob ein Leben reichen wird, womöglich nicht. Doch ihr seid weiter am Konsumieren und feiern. Euch ist die Welt egal. Ihr seid perfide.

„Kein System, weder ein rechts noch ein linksgerichtetes, kann der Menschheit Frieden und Glück bringen. Wo Liebe ist, gibt es kein Besitzdenken, keinen Neid, sondern Erbarmen und Mitgefühl aber nicht nur theoretisch sondern real. Die Liebe mit all ihrem Segen ist da, wenn Sie nicht mehr da sind."

Jiddu Krishnamurti

Nein, über die Liebe kann man nicht Intellektuell nachdenken. Deswegen ist die westliche Welt weit weg von den Mysterien der Liebe. Nur wenn sie das Ganze als eine Einheit lieben, dann lieben sie wirklich. Es ist keine Liebe in ihren Welt, so erfinden sie die Ehe. Die Institution der Ehe wird eine Notwendigkeit wenn es keine Liebe gibt. Das westliche Denken tätigt jede Handlung um ein Resultat oder Gewinn daraus zu erzielen. Die Liebe ist ihnen egal. Großzügigkeit und Barmherzigkeit kennen keine Belohnung. Mein Schiff legte Anker in ihrer Welt für kurze Zeit. Doch musste so schnell wie möglich von dort wieder fliehen. Es bereitete mir höllische Schmerzen. Jeder dort, verfolgte seine eigenen Interessen, hatte seine eigenen Ambitionen und Bedürfnisse. Jeder suchte beim anderen nach Befriedigung wirtschaftlicher oder emotionaler Sicht. Eine solche Beziehung hat nichts Menschliches an sich. Und das offensichtliche Resultat dieser Handlungen waren Konflikte, Leid, Nörgelei, Eifersucht und so weiter.

„Meditation hat nichts mit dem Praktizieren einer bestimmten Technik oder dem Wiederholen bestimmter Wörter zu tun, das ist alles dumm und unreif. Ohne den Geist als Ganzes zu kennen, sowohl die bewussten als auch die unbewussten Anteile, ist Meditation in Wirklichkeit ein Hindernis, eine Flucht, eine kindische Spielerei, eine Form der Selbsthypnose."

Jiddu Krishnamurti

Es ist die Unmoral gegen die falschen Götter und deren Herren, die die Welt errettet wird. Gehorsam diesen Wesen zu sein bedeutet den Herrn dieser schönen Existenz zu verleugnen. Wenn Menschen zu Liebenden werden, dann vertrauen sie dem ganzen Universum. Und dieses Universum ist wunderschön. Darin wohnen so schöne Blumen. So ungeheuer viel Schönheit überall. Nur der Mensch bringt Unruhe und Hässlichkeit mit sich.

„Kinder sind Kinder, sie sind nicht tot, sie sind die lebendigsten Menschen, die es gibt. Früher oder später werden wir sie zugrunde richten, all diese Lehrer werden sie zugrunde richten. Kinder wurden mehr unterdrückt als irgendeine andere Gesellschaftsschicht, weil sie hilflos sind, sie können nicht einmal rebellieren.“

Osho

Bild: Vimal Chand

„Nachdem ich dein reines und sauberes Wasser gesehen hatte, verstand ich die Geschichte der Seele. Gottes Schätze sind in zerstörten Herzen begraben. Die Rosen haben geblüht, um die Schmerzen der Dornen zu heilen. Ja, zu viel Bequemlichkeit und Glück machen den Körper träge und plump Du kannst eine Rose nicht pflücken, bis der Dorn dich gestochen hat. Das Wasser trägt die Seelen. Das Leben kommt zurück zum Rosengarten"

Divan-i Kebir, Band 23

Herstellung und Verlag:

BoD – Books on Demand, Norderstedt

Bibliografische Information der Deutschen Nationalbibliothek:
Die Deutsche Nationalbibliothek verzeichnet diese Publikation in der
Deutschen Nationalbibliografie; detaillierte bibliografische Daten
sind im Internet über http://dnb.dnb.de abrufbar.

ISBN: 978-3-7357-3925-4